经济不确定性、货币政策与
房地产价格

吴甜甜 著

中华工商联合出版社

图书在版编目（CIP）数据

经济不确定性、货币政策与房地产价格 / 吴甜甜著
. -- 北京：中华工商联合出版社，2022.6
ISBN 978-7-5158-3498-6

Ⅰ. ①经… Ⅱ. ①吴… Ⅲ. ①中国经济–影响–房地
产价格–研究 ②货币政策–影响–房地产价格–研究–中
国 Ⅳ. ①F299. 233. 5

中国版本图书馆 CIP 数据核字（2022）第 108059 号

经济不确定性、货币政策与房地产价格

作　　者：	吴甜甜
出品人：	刘　刚
责任编辑：	于建廷　王　欢
封面设计：	十　一
责任审读：	傅德华
责任印制：	迈致红
出版发行：	中华工商联合出版社有限责任公司
印　　刷：	北京毅峰迅捷印刷有限公司
版　　次：	2024 年 1 月第 1 版
印　　次：	2024 年 1 月第 1 次印刷
开　　本：	710mm×1000 mm　1/16
字　　数：	210 千字
印　　张：	11.5
书　　号：	ISBN 978-7-5158-3498-6
定　　价：	58.00 元

服务热线：010-58301130-0（前台）
销售热线：010-58301132（发行部）
　　　　　010-58302977（网络部）
　　　　　010-58302837（馆配部、新媒体部）
　　　　　010-58302813（团购部）
地址邮编：北京市西城区西环广场 A 座
　　　　　19-20 层，100044
http：//www. chgslcbs. cn
投稿热线：010-58302907（总编室）
投稿邮箱：1621239583@ qq. com

工商联版图书
版权所有　侵权必究

凡本社图书出现印装质量问题，
请与印务部联系。

联系电话：010-58302915

在最近一次科技革命红利释放将尽，而新技术革命尚在孕育之际，全球经济增长缓慢，叠加自然灾害与重大疾病（如新型冠状病毒）冲击，世界经济逐渐从增量发展模式向存量发展模式转变，国际经济与政治局势面临巨大不确定性。作为全球第二大经济体的中国，在越来越复杂的世界格局下，如何维护好经济的健康可持续发展，是我国面临的长期而艰巨的任务。

经济是政治与军事的基础，而房地产又事关国计民生，因此，房地产的发展对于我国经济的发展起到关键性作用。而房地产是房产与地产的综合体，同时由于其产业链条长，与其相关联的行业达数十个，因此，房地产市场极易受到不确定性冲击的影响。然而，我国房地产市场在经历了长达几十年的快速发展之后，积累了一系列问题，尤其是房价大涨，导致房价泡沫变大，致使与房价息息相关的金融体系风险不断加大。在此背景下，如何避免重走当年日本"楼市危机"的老路，研究经济不确定性对我国房地产市场的影响，成为当前的必然与重点。但已有研究主要以发达国家为主，对于以中国为代表的发展中国家研究甚少。本书基于不确定性相关理论内容，通过研究经济不确定性对我国房地产价格的影响，以及研究在经济不确定性下如何使货币政策更好地调控房价，不仅可以有效拓宽不确定性的研究范围，丰富不确定性的理论内容与实证经验，还可为我国房地产价格的有效调控，提供有力的理论支持与政策建议。

本书除导论、结论与政策建议之外，还包括以下几章内容。第一章是理论基础部分，主要就本书的立论基础，经济不确定性对房地产价格的影响机制，货币政策对房地产价格的影响机理，以及经济不确定性、货币政策与房地产价格三者之间的联动机制等，进行了理论分析。第二章是经济不确定性及其测度。主要借助 Jurado et al.（2015）的研究方法，构建了中国经济不确定性指数。第三章探讨了经济不确定性对我国各线城市房地产价格波动的影响及其区域异质性。第四章在不考虑经济不确定性下，就货币政策如何影响我国房地产价格进行了实证分析。第五章在考虑经济不确定性下，研究货币政策对房地产价格的调控效应，为后续精准调控房地产市场，提供有效政策建议。

通过研究，本书得出如下主要结论：

第一，通过构建中国经济不确定性指数，并通过与 EPU 指数（经济政策不确定性指数）、VIX 波动指数等对比研究发现，通过借鉴 Jurado et al.（2015）方法测算得出的中国经济不确定性指数，能更好地拟合我国经济的发展状况与不确定性水平。第二，通过研究经济不确定性对我国各大中城市房价的影响时发现，经济不确定性对我国房地产价格存在一个非线性门限效应的影响过程，且存在区域异质性。第三，通过利用因子增广向量自回归模型，基于中国宏观经济数据，从常规货币与非常规货币政策角度出发，研究其对我国房地产价格的影响，结果表明：货币政策对我国各线城市房价均存在较为显著的影响；利率政策与 M2 对于房价的影响，在方向上是相反的；二线与三线城市房价对利率政策与 M2 反应更加敏感；非常规性货币政策对于各线城市房价的冲击作用较温和，可作为稳定房价的重要补充手段。第四，通过研究不同不确定性水平下各货币政策对房地产价格的调控效应时发现，针对各线城市，可以采用有针对性的货币政策工具，以提升调控效率。总之，经济不确定性程度的高低会明显影响各货币政策工具对房价的调控效应，也进一步说明，经济不确定性不仅对我国房地产价格波动具有直接的溢出效应，还会通过影响货币政策的调控效应，来间接影响房价。

综上所述，本书提出如下政策建议：第一，不能简单以某个单一指标来判断我国宏观经济状况与不确定性水平，而应重点关注基于大量经济与金融数据信息测度得到的经济不确定性指数，以此作为重要的认知基础与政策制定背景。第二，应做到房价调控的"因城施策"，并尽可能做到"一城一策"，有的放矢地发挥货币政策对于各城市房价的调控效应。第三，做到供给与需求"两手抓"，通过其综合作用，实现稳定房价的目标。第四，在进行相关政策制定之时，尽可能保持政策的连贯性与稳定性。第五，应当将经济不确定性程度作为重要考量指标，通过精心搭配的"组合拳"，来发挥货币政策稳定房价的有效作用。第六，建议采取其他政策配合货币政策实施，以提升对房地产价格调控的有效性。

本书可能的研究贡献主要在于，其一，通过混频方法，将所选取的众多宏观经济变量变为同频月度数据，再基于Factor-augmented VAR模型构建的中国经济不确定指数，能更好地捕捉宏观经济信息与反应我国经济的整体运行状况。其二，通过构建动态面板门限模型实证研究了经济不确定性对我国房地产价格的非线性影响，及其区域异质性，可为我国房价调控的"因城施策"提供有效支持，这在研究视角与研究内容上，具有一定创新性。其三，本书从经济不确定性视角出发，既研究常规货币政策工具又研究非常规货币政策工具对我国房地产价格的影响，在研究视角与内容上，具有一定创新性。其四，本书在分析货币政策对房地产价格的调控效应时，首先在不考虑经济不确定性下，研究货币政策对房地产价格的影响；接着在考虑经济不确定性下，研究货币政策对房地产价格的影响，并对比分析这两种情况下货币政策调控效应的变化。采用这种对比研究的方法，在当前具有一定创新性。

目 录

导 论

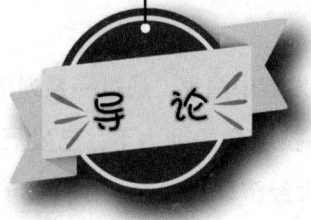

第一节　研究背景

　　人类为了获得更多的生存优势，不断通过增加交流、贸易协作等方式，让世界经济逐渐融合在一起，共同享受着分工与协作带来的福祉。以互联网、电子与信息技术的普及应用等为代表的科技革命，进一步推动着经济全球化的进程，并进一步加速与放大了全球协作与共赢。然而，随着最近一次科技革命红利的充分释放，新的科技革命尚在孕育之际，全球经济逐渐从增量发展走向存量发展模式。由此导致之前相互合作的各国，既合作又剧烈竞争。不仅在经济上竞争，在政治与军事上也同样激烈竞争。尤其自 2008 年金融危机以来，世界经济贸易冲突不断，地区军事冲突也逐渐增加，不断加剧着世界经济发展的不确定性。2022 年初，俄乌冲突就是一次世界格局即将面临重大改变的历史性事件。此次战争不仅会给俄罗斯与乌克兰经济带来巨大创伤，也会给世界经济复苏蒙上更大的不确定性阴影。此外，叠加自然灾害与重大疾病（如新型冠状病毒对人类的侵害）等

1

的巨大冲击，全球经济产生了越来越难以预测的不确定性。众多学者纷纷探讨经济不确定性对社会经济发展的重要影响，并从实证角度探索如何进行有效应对。

中国作为世界最大的发展中国家，通过一系列努力，不断融入世界经济体系。在改革开放与新科技革命的助力下，已发展成为拥有全工业品类的"世界工厂"与全球第二大经济体。然而，在科技革命红利即将释放完全而新科技革命正在孕育之际，我国也同样面临着经济增速放缓，经济结构调整，改革进入深水区等问题。

经济是政治与军事的基础，而房地产又是促进我国经济发展的关键。为了促进房地产业的健康发展，我国于20世纪80年代，进行了住房制度改革，逐步走上了商品房制度之路，既解决了地方财政问题，又极大可能地满足了居民的"居者有其屋"的需求，中国自此走上了大力发展房地产之路，房地产业得到蓬勃发展，房地产也为我国经济发展发挥了重要作用。然而伴随着经济的快速增长，其价格也跟着水涨船高，当房价增长超过经济发展增速，也超过普通居民的购买力时，房价泡沫成为人们不得不高度重视的问题。人类历史上曾出现过几次典型的重大房地产危机事件，如20世纪80年代的日本房地产的"崩盘"，导致日本经济失去了近20年；1997年亚洲金融危机导致的香港"楼市危机"。这两次房地产危机不仅破坏了当地的金融系统与稳定，更是给经济与社会发展带来了重创。为防止此类事件的重演，要高度重视不确定性对我国房地产业与经济发展的冲击。

经济不确定性会影响社会经济的方方面面，而作为我国重要经济部门的房地产业，房地产因其既有实物居住属性，又具有虚拟金融属性的特点，必然也会受到宏观经济运行与波动的影响。此外，房地产业上下游涉及几十个行业，各行业受宏观经济运行的影响，必然也会把不确定性传导给房地产市场；最后，作为房地产市场本身，行业自身的运行与出清以及与整个市场经济的协动，也会导致房地产市场产生波动。因此，对于中国而言，因特殊国情以及房地产业的特殊发展路径，更因购房者、房地产开发企业、政府、银行等部门间特殊的联动关系，导致我国房地产市场受到的经济不确定性冲击将更加显著。因此，中国房地产市场在经历房价泡沫越发增大之时，如何避免重走日本当年房地产危机的老路，成为摆在我国当前经济发展的一道难题。为此，我们需要深入思考：（1）中国经济不确定性状况如何？（2）经济不确定性对我国房地产价格具有怎样的影响？有没有区域异质性？（3）在经济不确定性冲击下，货币政策对房地产价格将产生怎样的影响？如何应对？通过了解我国经济不确定性的特征，评估经济不确定性水平对我国房地产价格的影响，同时探讨如何通过货币政策有效调控房价，使房价增长与经济发展水平同步，有效防范因各种冲击造成的经济不确定性对房地产业发展的不利影响，从而为稳定我国房地产价格，提供有效政策建议。

第二节　研究意义

一、理论意义

21 世纪初美国爆发了严重的金融危机，并迅速传导至世界各主要经济体，一度导致全球经济复苏发展缓慢。各国政府与众多经济学家在对危机进行反思时，终于意识到不确定性对于经济发展的重大影响，经济不确定性问题自此成为主流经济学的研究热点之一。对于不确定性问题的研究，从含义、指数测度、传导机制和经济效应等方面，均没有达成一致性结论。其原因可能在于：一方面对经济不确定性的认识时间较短，但基于经济不确定性的不可直接观测性，各种理论与实证方法的探索，必然导致仁者见仁，智者见智。另一方面，在不同的模型构建中，基于不同的假设条件，必然导致理论与实证研究结果的不一致；此外，在实证研究上，考虑到本国特殊的国情，以各国为研究对象得出的结论必然不尽相同。总的来说，现有研究中，模型构建中各变量以及权重的选取，以及相关数据的采集等，主要以西方国家为主要研究对象，对于欠发达国家与新兴经济体国家的研究还很欠缺。中国虽然是全球第二大经济体和第一大贸易国，但与发达国家相比，市场经济水平和城市化率仍然存在一定差距，现代化建设仍然任重而道远。鉴于此，本书以经济不确定性理论为基石，通过测度我国经济不确定性指数，并研究不确定性对我国货币政策与房地产业的影响，以及如何应对等问题，对于拓展经济不确定性的研究范围与研究边界，丰富不确定性的理论内容与实证经验，具有重要意义。

二、现实意义

自20世纪80年代我国实行商品房制度改革以来，房地产市场迎来了轰轰烈烈的发展，房地产一度成为我国经济发展的支柱产业，带动着上下游数十个领域的发展，对于GDP贡献率一度稳居各行业之首。随着房地产业的快速发展，房地产价格持续上升。尤其是一线城市，高企的房价成为影响普通居民生活幸福指数的重要因素，由泡沫引起的金融风险也随之不断加大。为此，2020年12月中旬召开的中共中央政治局会议明确指出，要促进房地产市场的平稳健康发展，同时不将房地产作为我国经济发展的短期刺激手段；并注意调控房价，防止房地产价格出现大涨大落对经济波动造成的较大影响；也鼓励各地方因地制宜地采取相应调控措施，稳定本地房地产的健康发展。此次会议突出了一个"稳"字，重点强调了房地产稳定发展在不确定性环境下对我国宏观经济健康运行的重要意义。

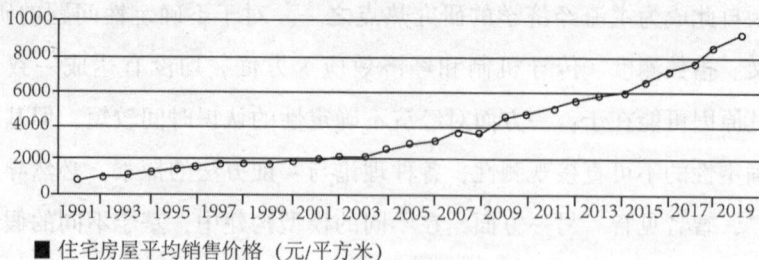

■ 住宅房屋平均销售价格（元/平方米）

图 0-1　我国住宅价格走势

综上所述，本书基于新常态下我国宏观经济运行的不确定性状况，以及我国房地产市场的特殊属性与发展情况，深入阐释经济不确定性对房地产价格的非线性影响，对各大中城市房地产价格影响的区域异质性和经济不确定性下货币政策调控房地产价格的效应问题，从而为经济不确定性下，如何更好地使用相关政策工具，有效调控与稳定房价，提供有效政策建议。

第三节　文献综述

一、经济不确定性的含义、特征、测度与传导机制

不确定性概念最早是由奈特于 20 世纪 20 年代提出的。在《风险、不确定性和利润》一书中，他严格区分了不确定性与风险。他认为风险是有明确概率的可能性，比如 30％ 的风险系数等，而不确定性是没有确定概率的，即人们无法预测未来事件发生的可能性，所以，认为不确定性不等于风险。虽然经历了近百年的历史，关于不确定性，人们依然没有达成统一的认识。尤其在 2008 年以前，主流经济学一直忽视了不确定性这个随处可见的问题，直到 2008 年的美国次贷危机的爆发，由 Bloom 等学者为代表，提出不确定性是引起美国金融危机的重要原因，应该高度重视不确定性问题，自此，不确定性才正式进入主流经济学视野。经过近几年的发展，不确定性已成为经济学研究的热点之一。但因对其研究时间较短，关于不确定性的研究尚有很大发展空间。总结近些年的文献研究，主要涵盖了以下几个方面：

1. 对经济不确定性含义的理解

对经济不确定性含义的界定，学术界没有统一的答案，代表性观点主

要来自于三位学者，（1）Bloom（2014）认为，"经济不确定性是人们对未来经济状况知之甚少或一无所知的环境"。（2）Rossi&Sekhposyan（2015）认为经济不确定性是"行为人不能完全理性地明晰未来经济状态的分布特征"。（3）Jurado et al.（2015）将经济不确定性描述为"行为人对当前或未来经济状况不确定程度的一种状态"。与早期 Knight 的定义不同，这些学者基本将不确定性与风险视为一个整体来进行研究，未做明确区分。

2. 对经济不确定性的量化测度研究

主流经济学讲究通过科学的计量方法进行实证研究，因而，对不可直接观测的经济不确定性的度量问题，成为当前相关研究的重点之一。综合近年来国内外文献来看，有关经济不确定性度量的思想与方法主要可以分为以下三大类：

（1）以某个代理指标来代替经济不确定性进行分析。分析已有文献，典型的有如下几类，①以 VIX 作为经济不确定性的代理指标进行分析。基于 VIX 是发达国家的经济"晴雨表"，以及一些学者基于变量客观性的考虑，选择 VIX 作为经济不确定性的代理指标，进行相关研究（Bloom，2009；Caggiano，2014；Bekaert，2013 等）。②Baker et al.（2016）基于报纸中关键词的出现频率，测算得出了各国经济政策不确定性指数（简称 EPU 指数）。一些学者基于其 EPU 指数了进行相关研究。如 Sum & Brown（2012）以美国房地产投资信托基金（REIT）为代表，考察了经济政策不确定性对房地产行业绩效的影响，结论认为：与总指数相比，抵押贷款投资与不确定性的关系较弱，而当以 CRSP 价值加权股票收益为中介时，REIT 收益与 EPU 之间的关系变得不明显。又如 Antonakakis et al.（2015、2016）主要考察了美国房地产市场、股票市场和经济政策不确定性（EPU）之间的动态溢出效应。其研究结果表明：各类冲击对美国经济波动产生很大影响，且溢出效应随时间变化很大。③一些学者以 GDP 水平作为经济不确定性的代理指标。如，沈全芳（2012）以 GDP 作为不确定性的代理变量，研究了在不确定性下如何更好第防范商业银行的信贷风险。其他，如马锦浩（2019）以我国商品房市场不确定性指数代理我国经济不确定性指数进行了相应的实证分析。

（2）将人们的主观感受与预期偏差，作为评价不确定性高低的重要标准。如果实际情况与人们的预期偏差越大，就认为经济不确定性程度越高，否则就是越低。主观认知偏差的核心是人们对于现实经济的感知程度，首先，在于对信息收集是否全面，然后基于收集的信息进行分析思考，再对当前和未来的经济发展状况做深入判断，形成较为稳定的认知与预期，再指导自己的决策与行为，最后，再通过发生的事件与得来的调查数据等，对之前的判断与决策进行复盘。当与之前的预期偏差较大时，则意味着对其个人而言，经济不确定性程度升高，否则就是降低。例如，Bomberger（1996）利用 CPI 预测数据，检验了不同预测者能否有效度量不确定性。Boero et al.（2008）采用预测者对于 CPI 与 GDP 增长的数据离散度，来衡量不确定性。Lahiri & Sheng（2010）将预测者间的分歧与感知到的未来总体冲击的差异性作为总体预测不确定性的来源。Bachmann et al.（2013）基于一些调查数据，构建了一系列不确定性度量指标。Rossi & Sekhposyan（2015）基于 GDP 数据的预测误差来衡量宏观经济不确定性。Scott（2016）以实际发布数据与彭博社预期之间的差异进行加权，构建不确定性指数。Ma & Samaniego（2019）根据预测数据的预测误差中值，构建了美国总体与行业层面不确定性。

（3）基于宏观经济与金融数据预测误差的度量。通常，每天都会产生大量的宏观经济与金融数据，而这些数据能够及时地反应当前的经济发展水平与波动水平，涵盖了无数人基于对市场与经济的认知、判断与预期之后所做的经济与金融行为，蕴含了无数个体与组织的经济行为信息。因此，通过测度这些宏观经济信息与金融信息，既贴近客观信息，又可以从结果层面去衡量人们的判断认知与真实经济的不确定性水平之间的差异。这种度量思想与方法的代表是 Jurado et al.（2015）。本书也将借鉴 Jurado et al.（2015）的方法，基于中国宏观经济与金融数据，构建属于我国的经济不确定性指数。

Jurado et al.（2015）将经济与金融变量序列中的可预测与不可预测部分进行了分离，并将不可预测部分的条件波动率定义为该变量序列的不确定性。相较于波动率和离散度的度量方法，Jurado et al.（2015）方法的主要优势在于，该方法通过剔除经济运行中的可预测成分，将不可预测部分作为不确定性的代理，经济不确定性的核心特征得以突出；另一方面，基于大量宏观经济与金融数据的不可预测部分合成的经济不确定性指数，可以有效弥补诸如 VIX 波动率等单一指标存在的信息量不足等问题。基于该种方法的合理性，一些学者也借鉴了该种思想方法，进行了有益的理论与实证探索。例如，Shin et al.（2018）构造了韩国宏观经济不确定性月度指数；Mumtaz（2018）参照 Jurado et al.（2015）的方法，测度了美国各大地区的经济不确定性水平；Thanh et al.（2018）构建了一个房地产行业不确定性指数等。国内方面，一些学者也借鉴 Jurado et al.（2015）的方法，进行了相关研究，如黄卓（2018）等构造了中国金融不确定性月度指数；马丹等（2018）、张德园（2020）等都借鉴过 Jurado et al.（2015）的方法，从不同的视角构建了宏观经济不确定性指数，并进行了不确定性的经济效应分析。

3. 经济不确定性波动的特征事实

大量研究表明，经济不确定性水平往往与实际经济发展状况呈现一定程度的反向相关关系，即具有一定的逆周期性特征。当经济发展缓慢或处于萧条时期，不确定性往往呈现增长态势，而在经济发展平稳或处于繁荣时期，往往伴随的是不确定性水平的较低时期。例如，Stock&Watson（2012）通过研究发现，在宏观层面，所有经济不确定性指数都呈现出了逆周期性特征。Bloom et al.（2007）研究发现，在经济衰退期，总产出的离差增长会超出近 2 倍。Jurado et al.（2015）发现，不确定性具有强逆周期性和极强的持续性，这些特征可以合理地解释历史上各大经济衰退期表现出的持续失业现象。同时，Bloom et al.（2007）发现，微观层面的经济不确定性也是反周期的，在衰退期，尤其在金融危机期间，不确定性水平急剧上升。Bachmann 等人（2013 年）基于对德国与美国等商业公司的调查数据进行实证研究后发现，专业预测者之间的预测前差异和预测后误差都是反周期的。Bloom et al.（2014）通过分析一些微观层面的企业与行业数据，包括收益率、要素生产率与专业人员的预测偏差等发现，经济不确定性与实际经济波动呈负相关关系。通过对以上文献的分析，本书认为造成这种逆周期性特征的可能原因主要在于，在经济不确定性水平较低时，人们对于宏观经济波动与微观经济行为变动的预期与判断较为明确，有利于人们组织生产，扩大投资等行为，从而推动经济繁荣与发展。相反，在高经济不确定时期，例如因战争的突然爆发而导致的经济剧烈波动，人们因缺乏长期的经验与认知，对经济乃至未来的预期充满不确定性，出于趋利避害的本能，必然采取延缓或者停止投资，减少消费等行为，从而导致经济产出下降，经济发展缓慢，甚至逐步迈入经济危机行列。

4. 经济不确定性冲击影响的内生传导机制

经济不确定性是如何作用于经济波动与经济行为的呢？一些文献研究从经济不确定性的内生传导机制入手，研究其对宏观与微观经济的影响机制。概括起来，经济不确定性冲击影响的内生传导机制主要包括以下几个方面：

（1）实物期权效应

起源于微观领域"不可逆投资理论"的实物期权效应（Bernake，1983；Dixit & Pindyck，1994），其核心内容是，因为投资的不可逆问题，以及雇佣员工高成本问题，在遭受经济不确定性冲击时，人们会本能地从成本收益的角度考量，延缓投资与招聘行为，等待经济不确定趋缓或者是消失。根据实物期权效应，投资和招聘员工被认为是企业持有和执行了"看涨期权"，投资和招聘的成本就是期权的执行价格。企业如果选择当前进行投资和招聘，就意味着企业通过计算，认为当前的投资行为，可以给企业带来可观的收益——超过了企业投资成本与等待价值。否则，企业将等待不确定性消退，再进行投资与招聘，以规避不确定性产生的风险，增加投资收益的确定性。因此，当经济不确定性突然增加时，会导致投资人延缓投资与招聘行为，导致当前总产出下降，失业率上升。等到经济不确定性逐渐消退时，企业或投资人会增加投资与招聘行为，以补偿之前被压抑的相关需求。

（2）谨慎储蓄效应

不确定性对消费的影响，可以追溯到预防性储蓄理论。该理论认为，当效用函数具有可分性，且一个市场中的保险不够完善，人们的社会保障不足时，如果工作收入不确定性升高，将会导致在这个市场中的消费者不得不减少当前消费，从而导致消费路径与斜率被改变，例如 Miller，1976，Caballero，1989；Zeldes，1989 等都得出过相似的研究结论。此外，近几年相关研究主要围绕着动态随机一般均衡框架下进行，例如，Fernndez-Villaverde et al.（2015）、Leduc&Liu（2016）和 Basu &Bundick（2017）等研究指出，假如，经济处于充分竞争状态，且价格是均衡无扭曲的背景下，经济不确定性如果上升，会导致人们产生强烈的"危机意识"，会倾向于向企业与社会提供更多的工作，这样会有效降低企业的边际成本，而总产出也会因为劳动供给的增加而增加，经济不确定性在此时对经济具有扩张效应。但如果经济不是处于充分竞争状态，工资与价格是黏性的，必然导致企业的边际成本上升，高成本转嫁之后会导致高的商品价格，如果此时遭遇经济不确定性的突然冲击，会导致投资者选择减缓或者停止投资与招聘行为，消费者也会选择降低消费增加储蓄的行为，必然抑制有效需求，并导致总产出的下降。因此，在真实的市场经济下，不确定性冲击下的"预防储蓄效应"将导致总需求与总产出的下降。

（3）风险溢价效应

风险溢价效应又可称为金融摩擦效应，即金融摩擦的存在将放大不确定性冲击，导致投资人需要更多的额外"补偿"。近期研究主要围绕在一般均衡框架下进行。例如，Christiano et al.（2014）通过构建包含名义黏性与金融摩擦的 DSGE 模型，探寻了不确定性冲击在经济波动中的作用，最后发现，不确定性冲击能够解释大部分的产出波动。Gilchrist et al.（2014）探讨了金融摩擦与不确定性交织作用于实体经济的内在机制。核心思想在于，不确定性冲击会导致违约风险上升，金融摩擦增加，从而导致企业之间的资源重配与融资难度加大，融资成本升高。此外，Bonciani

& Roye（2016）、Alfaro et al.（2018）和 Arellano et al.（2019）等，通过研究也证实，金融摩擦会放大不确定性冲击。

（4）增长期权机制

增长期权机制的核心内容在于关注企业的研发投资问题。该机制认为，企业在经济不确定性冲击下，不会完全从现金流角度进行考虑，而是会从长期发展角度去考虑，是否会给企业提供更多的发展机会与发展可能性。因此，增长期权机制认为经济不确定性反而会促进企业研发投资的增加，特别是周期较长的项目研发。例如 Bachmann&Moscarini（2011）通过研究发现，宏观和微观层面的不确定性和波动性增加的时期，就是经济的衰退时期，而在此时期，不确定性冲击会通过各种摩擦传播对总体经济活动产生负面影响。即当第一时刻的负向冲击会诱发风险行为后，风险行为又会反过来导致观察到的横截面离散度和个体经济结果的时间序列产生波动。在此时，每个公司都不确定自己所面临的需求弹性，但会从产品销售量中逐渐了解到这一信息。销售信息对于选择最佳加价时刻是有价值的，而且由于固定的运营成本，企业会通过相关销售信息来决定是否退出市场。当商品偏离平均价格时，一家公司会承受潜在的巨大损失去观察本公司的收入反应，从而获得有关商品市场的真实信息。因此，他们认为经济不景气时期，恰是价格试验的最佳时期，因为价格错误的机会成本较低。因此，他们认为经济不确定性会促进企业进行研发与试错，从而从长期来看，对企业发展有利，且对经济发展也同样有利，这就是不确定性增长期权机制的主要内容。Stone&Stein（2012）也进行了类似的研究，认为投资具有长期性与高尾部风险的特点，企业在不确定性下会冒风险增加研发投入，以博得更长期的发展机会。

（5）Oi-Hartman-Abel 效应机制

Oi-Hartman-Abel 理论（Oi，1961；Hartman，1972；Abel，1983）假设了一家风险中性且具有竞争力的公司，在进行投资决策时会面临价格不确定性问题，以及需要面临凸函数的调整成本问题。理查德·哈特曼（1972）和罗伯特·平迪克（1982）等对这些问题进行了详细分析，但他们却得出了截然不同的结果。哈特曼认为，假设该具有竞争力的企业处于线性齐次生产函数时，那么产出价格不确定性的增加会导致该企业增加投资。后经 Abel（1983）的研究，证实了哈特曼的结果是成立的。而平迪克的分析适用于所谓的"目标"投资率，而且通常也不是企业的最优投资。Born&Pfeifer（2014）则将 Oi-Hartman-Abel 效应划分为正向效应机制与逆向效应机制。

综合分析上述对于经济不确定性的已有文献，本书认为：

第一，关于经济不确定性指数的测度与不确定性特征事实等研究，还有很大的发展空间。原因在于，首先基于大数据技术与计量技术的不断进步，以及各交叉学科的不断发展，对于经济不确定性的统计与测度，必然会有新的方法不断涌现，会越来越接近于真实的经济波动状况，以及具有越来越强的预测功能。其次，从研究对象的角度来看，现有研究仍然以发达国家为主，对于发展中国家的不确定性测度与研究还很不充分，需要各国专家学者，基于本国国情进行因地制宜的模型构建与实证分析。

第二，为了更好了解经济不确定性对宏观经济的影响机理，众多学者就经济不确定性的传导机制进行了深入研究，这些研究属于不确定性理论范畴中的重要内容。但是在解释经济不确定性冲击的实际影响时，应当考虑现有理论的适用性，例如，相对封闭的经济体和小型开放经济体中，谨慎储蓄效应的发挥存在一定的差别，需要加以区分说明。因此，在对经济不确定性进行本土研究时，鉴于本国国情，需要结合实际进行分析，不能照搬发达国家研究经验，进行"简单复制"，是拓展现有不确定性理论研究的一个重要方向。

二、经济不确定性对房地产市场的影响

2008 年金融危机以来，世界经济经历了长达十余年的低速增长期。近年来，新型冠状病毒的爆发使全国经济遭受巨大冲击，我国同样面临经济下行压力增大，经济不确定性增加，各行各业受不确定性影响越来越剧烈。因购房者、房地产开发企业、政府、银行等部门间存在着特殊的联动

关系，导致我国房地产市场受到经济不确定性的冲击将更加强烈。因此，开展针对经济不确定性、货币政策与房地产价格之间的相关问题研究，对于稳定房地产市场发展，乃至维护我国经济的可持续发展，均具有重要意义。

自 2008 年经济大萧条之后，越来越多的研究开始将住房与经济不确定性指标联系起来。国际方面，如 Miles（2009）认为，从理论上讲，不确定性的增加会降低住房投资行为，从实证角度，其通过采用均值模型中的广义自回归条件异方差方法也表明，不确定性会对住房开工产生负面影响。Sum& Brown（2012）以美国房地产投资信托基金（REIT）为代理，考察了经济政策不确定性（EPU）对房地产行业绩效的影响，结论认为：REIT 收益与 EPU 之间的关系不明显。Ajmi et al.（2014）研究了不确定性的宏观经济效应对美国上市房地产投资信托基金（REIT）波动性的影响，其认为，REIT 波动性与经济不确定性之间存在双向传导通道，房地产市场的发展也与经济环境之间存在因果关系。Antonakakis et al.（2015、2016）主要考察了美国房地产市场、股票市场和经济政策不确定性（EPU）之间的动态溢出效应。研究结果表明：各类冲击对美国经济波动产生很大影响，且溢出效应随时间变化很大。Elmon & Tasser et al.（2016）以加拿大、法国、德国、意大利、西班牙、英国和美国等 7 个发达国家为研究对象，实证说明了政策不确定性与房价之间的因果关系。Andréet et al.（2017）基于经济政策不确定性（EPU）的度量，来判断是否有助于预测实际住房收益。认为 EPU 既影响实际住房收益，也影响收益的波动性。Christou et al.（2017）也基于经济政策不确定性指数（EPU），判断其是否有助于预测 10 个经济合作与发展组织国家的实际住房收益。研究发现，不论预测模型如何，EPU 都能有效地预测实际住房收益。Strobel et al.（2017）认为房地产市场在高度不确定性时期，存在实物期权效应。Aye & Gupta（2018）考察了经济不确定性对 12 个经合组织国家房地产市场在繁荣、萧条和正常时期的持续溢出效应，得出结论，认为投资房地产可以抵御不确定性的冲击。Christidou & Fountas（2018）使用了经济不确定性的代理指标——EPU指数，对美国48个州组的房地产投资进行研究发现，在大多数州，不确定性的增加倾向于使住房投资增长，并有助于降低房价通胀。Christina et al.（2019）基于TVP-FAVAR模型，实证研究了经济不确定性冲击对美国房地产市场的影响。研究表明：从长期来看，不确定性冲击对所有住房变量均产生负面影响，尤其对住房价格、许可证和开工率的影响更大。

国内方面，经济不确定性与房地产市场的研究，大多数基于经济政策不确定性视角来进行。如张浩等（2015）利用EPU指数，实证分析了不同EPU水平下宏观变量冲击对房价波动具有明显的非对称性冲击影响。胡国庆（2017）在以经济政策不确定性指数为门限，研究了汇率预期对房价波动的传导作用。刘金全等（2018）认为经济政策不确定性会对房地产价格产生明显的溢出效应。赵奉军等（2019）认为，经济政策不确定性在短期会抑制房地产投资，但在长期，会促进房地产投资的发展。胡成春等（2020）经过实证研究表明，我国经济政策不确定性对宏观经济、不同区域经济、资产价格与房地产市场等均存在非对称影响。

以上就是自2008年以来中外学者就经济不确定性对房地产市场影响的主要研究成果。从已有研究来看，其呈现如下特点：一是，经济不确定性对房地产市场的影响研究，目前文献还较少，尤其是国内研究部分，且角度也较单一——多数从房地产投资的角度来进行分析；二是，已有研究多数采用EPU指数（即经济政策不确定性指数）作为经济不确定性的代理指标来进行分析，相关研究必然存在一定局限性。

三、经济不确定性对货币政策有效性的影响

通过文献整理发现，可将经济不确定性对货币政策有效性的影响研究，划分为两个阶段：第一个阶段是早期少量且非主流地研究经济不确定性对投资和货币政策有效性的影响，如Bernanke（1983）、Dixit et al.（1994）认为经济不确定性冲击会导致"谨慎等待效应"的产生，即当经济不确定性上升时，经济主体出于"避险"的需求，暂缓投资与雇佣需

求，等待经济不确定性趋缓和消除，再进行投资与雇佣行为，从而影响货币政策调控的有效性，进而影响经济增长。Neck R & Karbuz S（1995）研究发现，不同类型的不确定性会对奥地利的最优预算和货币政策产生影响。Dennis & Richard（2005）讨论了货币政策与不确定性的关系，他们认为不确定性是货币政策格局的重要与决定性特征。F Giovannoni & Tena J（2005）通过模型预测与实证分析得出：其一，更集中的行业投资与生产更容易受到需求冲击的影响；其二，高度不确定性会使投资和生产对需求冲击更敏感。Bernanke B S（2007）认为决策者需高度重视所面临的普遍的不确定性问题，在进行决策时，必须考虑一系列不确定的经济状况和经济结构。

第二阶段是从 2008 年以来，美国金融危机爆发，经济不确定性的相关研究才被主流经济学所重视。一方面，如 Bloom（2009）、Bloom et al.（2018）等学者认为，经济不确定性对投资等造成的"谨慎等待效应"比之前更加明显；另一方面认为风险或不确定性对主要宏观经济指标的影响，会直接体现为货币政策调控效果的下降。例如，Aastveit K A et al.（2017）在探讨经济不确定性是否会改变货币政策的宏观经济影响时发现，当不确定性位于其顶部而不是底部十分位时，对投资的影响大约减半。Kent & Christopher（2017）认为，意外事件会导致未来的不确定性，并对经济结构产生影响，使得过去的货币政策对未来的指导作用有限。Hossain A et al.（2020）通过自回归分布滞后协整方法获得的实证结果表明，经济不确定性对新西兰的狭义货币需求会产生不对称的负面影响。Pellegrino G（2021）利用美国"二战"后的数据，通过估计一个非线性 VAR 来研究不确定性与货币政策的相互关系时发现，当不确定性较高时，货币政策的有效性较低。

国内研究方面，金春雨与张德园（2019）通过合成经济不确定性指数，以及实证研究发现，经济不确定性会导致诸如 M2 等扩张性货币政策的刺激效果下降。陈文和史小坤（2020）借助 GARCH 模型，研究了经济不确定性、货币政策与银行信贷之间的关系。结果表明，经济不确定性与我国商业银行的信贷行为之间，呈显著的倒"U"型关系。贾德奎等（2021）认为经济不确定性会显著降低中国货币政策调控的有效性，尤其在高经济不确定性状态下。邓创和吴超（2021）通过采用高维因子模型对中国经济和金融不确定性进行了测度，且通过实证研究发现，当前中国金融不确定性对产出的影响高于经济不确定性所产生的影响。就后者而言，主要借鉴 Baker et al.（2016）构建的经济政策不确定性指数（EPU），进行相应研究。例如梁丰（2019）通过研究发现，不同经济政策不确定性水平会影响货币政策的调控效果，并会导致偏离货币政策目标。刘旸和杜萌（2020）通过研究发现，经济政策不确定性会影响股票市场的流动性以及货币政策调控效果的发挥，且他们之间存在相互影响的问题。刘金全等（2021）通过研究发现，货币政策有效性会因为经济政策不确定性程度的上升而下降，进而促使中央银行加大货币政策调控力度。刘金全和王国志（2021）基于时变模型分析了经济政策不确定性条件下货币政策时变反应和调控模式。结果表明，经济政策不确定性视角下中国货币政策调控，存在时变性和门限效应，且时变反应为正向效用。

理论上来说，货币政策从制定到实施，要受多方面因素的影响，从政策参与各主体，到经济与政治环境，以及经济不确定性因素等，都会对货币政策的实施效果产生影响。但从已有文献来看，仍然以经济政策不确定性为主要视角进行分析，较少从经济不确定性视角出发，且仍然以经济不确定性对投资的影响为主要研究内容，直接研究其对货币政策调控有效性的文献还较少。因此，很有必要就此方面，进行深入研究。

四、货币政策对房地产价格的影响

房地产对于普通百姓的生活意义重大。房地产既具有居住消费属性，又具有投资金融属性，既是居民财富的重要储存手段，也承载了经济增长的重要作用。对于房地产市场的研究也由来已久，尤其是 2007-2009 年因"次贷危机"引发的金融危机，给包括美国在内的西方国家和我国敲响了警钟，对于房价的过快上涨可能造成的对金融和经济的消极影响，需要给予充分的关注。因此，房地产价格波动是否应该被纳入央行的关注范围，货币政策是否应该关注或者干预房地产价格波动，成为一直以来学者们研究的重点之一。

1. 资产价格上涨的原因分析

研究货币政策如何调控房地产价格波动，首先需要研究房地产价格快速上涨的原因。基于不同的原因认知，对是否需要进行货币政策调控及如何进行货币政策调控，会大有不同。

（1）流动性和扩张性的货币政策推动了资产价格上升

早期经济理论认为，资产价格主要受供给与需求的共同作用，而流动性又是影响资产需求的重要因素。当流动性增加时，资产价格会因流动性增加而升高，反之，流动性下降，资产价格也将跟着下降。2007-2009 年金融危机的爆发，更是进一步强调了这种观点，即认为资产价格的上涨，主要原因在于货币政策的扩张导致的流动性增加。Mcdonald and Stokes（2013）使用城市标准普尔房价指数，通过实证研究得出，美联储在 2001-2004 年期间压低联邦基金利率的政策至少是房地产泡沫的一个重要原因。这个研究还表明，2004-2006 年间联邦基金利率的急剧上升，又是随后房价下跌的一个原因。国内方面，也有许多学者持有流动性及扩张的货币政策是推高资产价格的主因的观点。例如，王来福等（2007）认为数量型货币政策会长期持续推高房地产价格。李健等（2011）通过实证比较美国、日本与中国的房价泡沫后发现，货币供应量与房价之间存在长期均衡关系，巨额货币存量推动房价上涨的力量十分强大。杨刚等（2012）通过研究发现，信贷规模扩张是房地产市场能够快速进入启动与量价齐升的繁荣阶段，并因价格的迅速提升而形成明显的泡沫。吴中兵等（2013）通过研究也发现，货币供应量长期推动了我国房价的上涨。

（2）引起资产价格上涨的其他因素分析

还有一部分学者认为资产价格上涨的主要原因，是实体经济发展所致。代表性的研究有：Bordo and Wheelock（2004）通过研究发现，因股市繁荣基本发生在经济快速增长时期，因此，经济基本面驱动可以部分解释美国股市繁荣的原因。Assenmacher and Gerlach（2008）利用 1986-2006 年的季度数据，研究了 17 个经合组织国家的通货膨胀、经济活动、信贷、货币政策以及住宅地产和股票价格之间的关系。使用面板 VAR 发现了对货币政策冲击的合理且显著的反应。在三到四个季度后，资产价格的冲击对 GDP 和信贷产生了积极而显著的影响，而价格开始上涨的时间要晚得多。他们还考虑了从美国到其他经济体的冲击。虽然货币政策冲击会在国际上传播，但其他冲击则不会，这可能是因为使用了系数限制的形式有关。总之，他们认为资产价格上涨的主要原因是实体经济的发展所致。国内方面，也有学者认为我国房价的上涨不仅是流动性推动的结果，也存在经济增长和其他原因的推动。例如，况伟大（2010）认为中国各大中城市的房价，主要由收入推动的。王天雨（2018）认为我国商品房价格形成趋势分为货币主导型、经济增长型以及混合主导型等。

2. 货币政策调控房价的传导机制研究

货币政策的传导机制是指，各国央行运用货币政策工具影响中介指标，最终实现既定政策目标的一整个传导与作用过程。从货币政策传导机制的定义来看，货币政策传导过程看似简单，但其实中间的许多环节相互作用相互影响，且充分蕴含了货币政策目标与手段的联系与统一。货币政策的四大传导机制（Mishkin，2007）具体为：

（1）利率传导机制。凯恩斯学派提出的 IS-LM 模型是该种传导机制的主要代表。该理论主要内容在于，首先，市场上货币供应量增加，将导致借贷成本下降，借贷成本下降又会导致企业投资成本下降，投资量随之增长，同时借贷成本下降也会导致消费者扩大对耐用消费品与大宗消费的消费需求，最终导致产出增加。一些学者基于各种模型进行了实证检验，例如 Reifschneider et al.（1999）和 Fagan et al.（2005）就是分别基于 FRB 模型与 Area-Wide 模型，对利率渠道进行了检验。

（2）资产价格传导机制。一方面，托宾 Q 理论认为宽松的货币政策，通常会导致资产的 Q 值大于 1，且有不断上升的趋势，这就意味着如果对资产进行新增或者进一步投资，能够获得良好收益，因此，也就会吸引更多资金与投资者的参与，从而导致需求扩张与产出增加。另一方面，财富效应渠道体现在消费生命周期理论中，Modigliani（1971）通过选择集中讨论三个主要的货币政策变量：银行准备金、货币供应量和短期利率，以及美联储控制范围内的其他几个变量，如准备金率、贴现率和 Q 条例下的最高利率，来研究货币政策在多大程度上通过直接影响消费者支出来影响经济活动。Modigliani（1971）根据 FMP 模型得出结论：消费确实是最重要的因素之一，如果不是最重要的，也是上述货币政策工具影响的唯一渠道。此外，根据财富效应传导渠道，从实证角度来看，例如 Catte et al.（2004）对经合组织国家的研究发现，意大利与日本存在长期边际消费的问题。

（3）货币政策的信贷传导机制。Bernanke & Gertler（1989）指出，在经典经济学理论中，商业银行的资产与负债，对经济的影响本是一样的。但现实中并不存在完全竞争，信息也是不对称的。因此，银行为了资金安全，必然需要进行相应的信息收集与贷款审批等工作，因而产生了额外的信贷融通成本。但商业银行可以通过自身的专业化与规模优势，有效克服这些额外的信贷融通成本问题。而银行在存款到贷款的转化中，也扮演了重要角色，起到重要作用。大量学者对货币政策银行借贷渠道进行了检验，例如，Iacoviello & Minetti（2008）分析并测试了四个欧洲住房市场中存在的银行贷款渠道，以及更广泛的信贷渠道。研究结果表明，货币政策信贷传导机制，还可以通过资产负债表渠道实现。Curdia & Woodford（2009）就货币政策资产负债表传导渠道进行了研究。他们扩展了一个标准的新凯恩斯主义模型，并允许中央银行的资产负债表在均衡决定中发挥作用。

（4）货币政策的汇率传导机制。McKinnon（1985）在研究 1974 年以来的智利发展过程时，详细解释了货币政策的汇率传导机制。具体为，假设在一个开放的经济体中，如果采取宽松的货币政策，必然导致本国货币供应量增加，从而导致名义利率下降。同时基于价格黏性，短期真实利率也会跟着下降，从而将导致对本国货币需求量的减少与本国货币的贬值，进一步导致净出口增加，最终导致总产出增加。

国内方面，对于货币政策房价传导机制的研究，大致可分为以 VAR 模型及其修正模型为基础的分析和以 DSGE 模型为主要理论模型及其推导的两类。一是，国内众多学者分别选用 SVAR，FAVAR，PVAR，UVAR 等模型对我国货币政策的房价传导机制进行了实证分析。例如，毛晓芳等（2011）通过实证研究发现，房价已成为我国货币政策信贷传导渠道中的一个重要组成环节。周冰等（2012）通过论述得出数量型货币政策工具比价格型货币政策工具在调控房价时更加有效。钟少颖等（2016）也基于 SVAR 模型研究了货币政策在房地产市场中的传导途径。张清源等（2018）认为，货币供给量增长对我国不同城市房价，具有显著异质性影响。二是，一些学者基于一般均衡模型对货币政策与我国房地产价格展开了分析。例如，徐妍等（2015）就是基于一般均衡模型分析得到，房地产市场对于经济与金融的影响，不仅会通过直接的产业系统发挥作用，也会通过信贷关系与货币政策传递到其他经济部门的结论。

3. 货币政策影响房价的区域差异性研究

国外一部分学者也关注货币政策对房价影响的区域差异性问题，例如，Carlino &Defina（1999）证明了货币政策在不同地区确实有不同的效果。Negro & Otrok（2007）研究发现，从历史上看，房价的变动主要是由地方因素所驱动的。Owyang & Howard（2009）通过对美国的各大经济区的实证研究发现，即便是市场经济高度发达，且各经济区经济发展水平相差不大的情况下，货币政策对于美国的各经济区的政策效应依然存在区域差异性。Gupta et al.（2012）研究发现，紧缩的货币政策对房地产市场的抑制影响较大，尤其是对房地产的开工、许可与销售等抑制效应较明显。同时，对不同区域的房地产影响也是不同的，存在区域异质性。

一些学者也开始关注货币政策影响房地产价格的区域差异性问题。例如，梁云芳和高铁梅（2007）研究发现，东西部地区房价受信贷规模的影响最大，而中部地区房价主要受经济基本面的影响。周晖等（2009）认为应该处理好中央与地方之间的关系，以提高房地产调控的有效性。杨刚等（2012）发现，各货币政策工具对各区域房价的影响力都在不断扩大。常飞等（2012）认为，影响房价与地价的决定因素是市场供求状况。李海海等（2013）通过对国际数据的比较分析后发现，各国房地产市场货币政策效应存在差别。胡碧等（2014）认为，货币政策的传导效果存在区域异质性的问题。郑宁等（2016）证明了利率对京津冀地区房价变动影响的有效性有区域差异性。雷田礼等（2017）研究发现，影响房价的因素可以分为三个层次，且各层次的影响弹性值不同。龙威等（2019）认为我国的房地产市场是典型的区域性市场，各区域房价对货币政策的反应差异较大。涂红等（2019）认为货币政策对房价影响存在省份层面上的区域差异。潘海英等（2021）研究发现，城市发展等级越高，受货币政策冲击的反应幅度越高，且房价溢出效应越大。

4. 货币政策如何调控房地产价格问题

对于房价快速上涨，货币政策应该如何应对的问题，通过对逾20年的中外大量文献梳理，可以发现分为以下几种观点：一是，货币政策应该直接干预诸如房地产等资产价格波动；二是，货币政策不应该关注房地产价格波动，只做事后反应与泡沫的补救工作即可；三是，部分学者建议货币政策与其他政策配合使用，比如配合以宏观审慎监管政策、财政政策等，以增强货币政策的调控效果。

（1）事前直接干预理论

事前直接干预理论的意思是，在资产价格泡沫破灭之前，通过货币政策直接干预资产价格波动，以防止价格泡沫破灭，造成对经济的巨大冲击。例如，Kent & Lowe（1997）建立了一个理论框架，分析了货币政策在应对资产价格泡沫中的直接作用。Bernanke & Gertler（2000）探讨了资产价格波动对货币政策管理的影响。结果表明，中央银行关注潜在的通胀压力是可取的。Cecchetti et al.（2000）认为制定货币政策的主要目的，就是为了调整利率以维持稳定的实际增长和稳定的价格，主张货币政策直接干预资产价格等。

国内方面，大部分学者都支持货币政策应该直接干预资产价格波动，货币政策应该主动调控房地产价格。例如赵莹（2008）通过研究认为，紧缩性货币政策对房地产的供给与需求都会起抑制作用。肖争艳等（2011）认为实现较好的调控房价的效果，应该把我国房地产价格波动纳入到货币政策规则当中。张中华等（2013）认为应合理利用货币政策的组合调控工具有效调控房价。杨柳等（2013）研究发现：我国货币政策实践中已对房价波动做出了反应。田涛（2013）认为央行要适应资产价格波动，将资产价格波动内生化为货币政策影响因素，避免资产价格波动对金融和经济稳定产生冲击。徐淑一等（2015）研究认为，我国央行所制定的各货币政策工具，可以对房地产价格进行有效调控。谭正勋等（2015）研究发现，我国央行在实际的货币政策操作中，已经考虑了房地产价格波动问题。王曦等（2017）经过研究证明：央行确实关注了资产价格并体现出维护金融稳定的宏观审慎管理特征。李言等（2017）研究发现，货币政策应该对房价波动做出反应。欧阳志刚等（2017）认为货币政策对经济主体调控是有效的，且存在组合效应和特质效应的问题。郑世刚（2018）认为货币政策应该对产出、通胀与房价波动都做出反应。陈创练等（2018）研究表明，以盯住杠杆为目标的价格型与数量型货币政策，普遍存在适时调整的迹象。还有些学者深入具体地实证分析了不同的货币政策对房地产价格调控的不同效果，一些学者研究认为，数量型工具在房价调控中的作用相对突出（如李智等，2013；李成等，2013；顾海峰等，2014；谭政勋等，2015；张清源等，2018；严艳等，2019；王洪涛等，2021.）。

（2）事后反应与补救理论

货币政策中性与货币政策无效理论认为，货币政策不应作为政府随意干涉经济与市场的手段，否则易造成经济的无谓波动与效率损失，因此，也认为不应该对各资产价格进行干预。但也有部分学者持较为温和的观点，Mishkin（2007）是持这种观点的代表。他认为，央行在进行相关货币政策操作时，可能会因为信息优势不足，自身能力与操作水平不够等问题，不能直接有效地调控资产价格。应该只在市场出现了资产泡沫破灭之后，再进行事后反应与补救。资产价格泡沫破灭对市场与社会经济的影响是有限的，不能作为货币政策直接干预资产价格波动的理由。而通过货币政策的事后反应，就足以弥补泡沫破灭造成的对经济的消极影响，也足以帮助市场出清与回归正常轨道。

（3）货币政策调控与其他政策的相互配合

近年来，关于货币政策与其他政策的配合使用，以提升政策调控效果的问题，成为部分学者的研究重点。如汪利娜（2008）认为货币政策应该通土地政策、税收政策等协调配合使用，以发挥政策调控的最大化效应。吴培新（2011）应该将宏观审慎监管与货币政策调控配合使用。任木荣等（2012）认为利率与信贷政策，以及其他货币政策工具虽然会影响房价，但对房价的有效调控还需要其他政策工具作为调控辅助。陆磊和杨骏（2016）认为将货币政策调控与宏观审慎监管相配合，可以实现宏观调控和审慎管理的双重目标。李天宇等（2016）指出，由央行统一监管，可有效避免货币政策调控与宏观审慎监管在平抑资产价格波动时，可能产生的叠加干扰问题。齐岳等（2020）认为货币政策应持续关注资产价格变动以及二者的联动效应，在结合金融经济状态变化和宏观审慎政策的基础上，对资产价格进行差异化、动态化调控，把握好货币政策操作的方向和力度，以维护资本市场和宏观经济环境的稳定。

五、经济不确定性、货币政策与房地产市场间的相互关系

随着 20 世纪 80 年代我国实行商品房制度以来，房地产价格随着经济发展水平的不断上升而上涨，其中不乏价格泡沫的滋生。一方面，房价高企不利于经济结构平衡与经济可持续发展；另一方面，因房地产市场较为单一的融资结构，快速上涨的房价也增加了我国银行系统的信贷风险，从而威胁到整个金融系统的稳定。为此，需要国家利用相关政策进行有效调控。在众多调控政策中，货币政策是调控房地产价格的重要手段，应该积极发挥其作用。当前，在空前复杂的国际国内形势下，经济不确定性对于货币政策的影响尤为显著，再加上房地产业在我国的特殊地位，研究经济不确定性下货币政策对房地产市场的调控效应，具有重要的理论与现实意义。

已用文献主要就经济政策不确定性下，货币政策对房地产价格的调控效果与影响机制等进行研究。例如，段忠东和朱孟楠（2011）认为，当不确定性较低时，央行应采取积极的直接干预方式对房地产市场进行调控；而当不确定性较高时，应综合运用直接干预与间接反应相结合，货币政策与宏观审慎监管相配合的方式来提升调控效果。刘金全和陈德凯（2017）基于中国 EPU 指数，检验了各货币政策工具对房地产市场调控有效性的影响。Liu J & Chen D（2017）通过构建三维 T-SVAR 模型，研究了在不同程度的不确定性下，不同货币政策工具对房地产价格的调控效果。刘金全和毕振豫（2018）通过研究发现，货币政策对房价的调控效果具有显著的时变特征与非对称性，经济政策不确定性会削弱货这种调控效果的发挥。钱烨（2018）基于 GARCH 模型构建了实体经济不确定性指数，并通过构建三维阈值向量自回归（T-VAR）模型，分析了两种货币政策工具在不同经济不确定性程度下对资产价格的调节效应。从已用文献可以看出，当前仍以经济政策不确定性为主要视角，研究在其影响下，货币政策对房地产价格的影响机制与效果，鲜少有文献直接基于经济不确定性视角，来进行相关研究。因此，在当前纷繁复杂的背景下，从经济不确定性角度出发，研究货币政策如何更好地调控我国房地产价格，对实现维护金融稳定和经济的可持续发展的目标，具有重要意义。

第四节　研究思路与方法

一、研究思路

本书基于相关研究背景，就经济不确定性、货币政策与房地产价格之间的关联与互动影响进行理论与实证研究，提出关键研究问题，并对关键研究问题从理论与实证角度进行详细论述与分析，最后得出相应结论，提出相应政策建议等。即本着"提出问题→分析问题→解决问题"的主要思路来进行研究与分析，本书的具体研究思路如下：

第一，世界经济政治与军事等外生冲击的巨大影响，将对我国产生巨大的经济不确定性问题。通过分析经济不确定性的相关理论与传导机制，据此，构建中国经济不确定性指数，并通过对比其他不确定性指标，分析它们之间的优劣，明确所构建指数拟合经济状况的有效性，为后文研究打好基础。

第二，使用本书所构建的经济不确定性指数，研究经济不确定性对我国房地产价格的非线性影响，以及对各大中城市房价影响的区域异质性。即将我国 70 个大中城市划分为一、二和三线城市，探究其房地产价格有没有受经济不确定性影响，影响几何？为后续房地产政策调控的"因城施策"提供有效建议。

第三，基于我国房地产市场"政策市"的特殊属性，为有效调控房价，本书首先在不考虑经济不确定性冲击下，分析货币政策对我国房地产价格的调控机制与调控效应。再通过分析在不同经济不确定性下，常规与非常规货币政策工具对房地产价格的影响差异，一方面，突出了经济不确定性的冲击效应，为政策当局提供有力提示；另一方面，为在不同不确定性水平下，如何精准调控房价，提供有效货币政策建议。

二、研究方法

本书的经验研究需要解决四个重要问题，第一，如何把握不确定性的不可预测性问题，如何把不同频度的数据统一起来，测度出中国经济不确定性指数；第二，如何检验经济不确定性对我国房地产价格波动的影响及其区域异质性；第三，如何检验不同经济不确定性下，货币政策调控房价的有效性问题。针对以上问题，需借助以下实证方法：

（一）FAVAR 模型

本书借鉴 Jurado et al（2015）提出的方法，基于 FAVAR 模型测算了中国经济不确定性指数。通过与其他不确定性的代理指标进行对比分析后发现，据此方法测度的经济不确定性指数，对于我国经济波动的状况具有更好的拟合性。同时，利用FAVAR模型研究货币政策对房地产价格的影响，为有效调控提供理论支持。

（二）动态面板门限模型（Dynamic Panel Threshold Model）

考虑到经济不确定性对我国房地产价格的动态影响可能存在门限效应，再考虑到强外生性等问题，本书通过建立动态面板门限模型，来分析经济不确定性对我国房地产价格波动的影响。

（三）面板向量自回归模型（PVAR）

如何更深入地了解经济不确定性对我国各大中城市房价的具体影响，借助于面板向量自回归模型，从供给与需求视角，将我国70个大中城市划分为一线、二线与三线城市，分析经济不确定性对各线城市房价影响的异质性与具体影响机理。

（四）门限向量自回归模型（TVAR）

通过采用门限向量自回归模型，将已测度的经济不确定性指数划分出高低不确定性水平区间，研究不同经济不确定性水平对于货币政策调控房价有效性的影响，为更好滴调控与平稳房价，提供理论与政策支持。

第五节　主要内容与研究框架

本书的主要研究内容与研究框架，如图0-2所示。本书包含了五章共七个部分的内容，每个部分的内容如下：

导论部分，首先就本书的研究背景与研究意义进行论述，提出本书的主要研究问题；接着对现有研究成果进行总结并提出可供发展的研究方向与内容；再次就研究对象、研究框架与研究内容进行总结，最后是对研究方法与本书可能的创新点与不足进行介绍。

第一章是本书的理论基础部分，主要就房地产特殊的双重属性，经济不确定性对于房地产价格的影响机制，货币政策对我国房地产价格的影响机理，以及经济不确定性、货币政策与房地产价格三者之间的联动机制，为本书后续的实证分析奠定了部分理论基础。

第二章是经济不确定性及其测度，论文结合中国经济实际情况，借助Jurado et al.（2015）的研究方法构建中国经济不确定性指数。通过对比其他指数，进一步说明本书所构建的指数具有良好的经济拟合性，更能反映我国经济的真实不确定性状况。

第三章主要研究经济不确定性对房地产价格的影响。本章主要通过构建动态面板门限模型（Dynamic Panel Threshold Model），研究经济不确定性对我国房地产价格波动的非线性影响。

第四章，基于已测度的经济不确定性指数，通过将70个大中城市划分为一线、二线和三线城市，通过构建面板向量自回归模型，从供给与需求角度研究经济不确定性对我国不同城市房地产价格影响的异质性，为调控和稳定房价，提供"因城施策"的有效建议。

第五章基于FAVAR模型，研究货币政策对房地产价格波动的调控机制与调控效应。通过研究不同货币政策工具对房地产价格的调控机制与调控效应，以分析货币政策调控房价的有效性问题。

第六章基于门限向量自回归模型（TVAR），研究高经济不确定性与低经济不确定性下货币政策对房地产价格的调控效应，并分析其中机理。

结论部分，根据实证结果得出研究结论与提出政策建议，并对未来研究方向提出展望。

研究思路	研究内容	研究方法
提出问题	明确研究主题：对经济不确定性、房地产价格与货币政策相关研究背景和文献进行梳理，明确研究目的。	对相关文献进行系统梳理和总结，在此基础上分析归纳出本文希望研究和解决的主要问题。
理论分析	研究任务：对经济不确定性、货币政策与房地产价格相关理论机制进行分析与论述。	从理论上分析经济不确定性、货币政策对房地产价格的影响机制，并得出相关研究框架。
经济不确定性测度	测度经济不确定性，构建经济不确定性指数，并分析其有效性。	基于FAVAR模型构建中国经济不确定性指数，通过对其他指标方法，分析其有效性。
经济不确定性对房地产价格的影响	研究经济不确定性对房地产价格的影响，并分析其区域异质性。	通过构建动态面板门限模型和PVAR模型，研究经济不确定性对房子产价格的影响及其区域异质性。
货币政策对房地产价格的影响	研究货币政策对房地产价格的调控机制与效应。	基于FAVAR模型，分析各货币政策工具对房地产价格的调控机制与调控效应。
经济不确定性下货币政策对房地产价格的影响	研究基于经济不确定性下货币政策对房地产价格的调空效应问题。	基于门限VAR模型，研究不同经济不确定性水平下货币政策对房地产价格的调控效应问题。
结论与政策建议	对前文研究内容记性总结，提出相关对策建议，并展望下一步研究。	

（左侧纵向文字：实证研究）

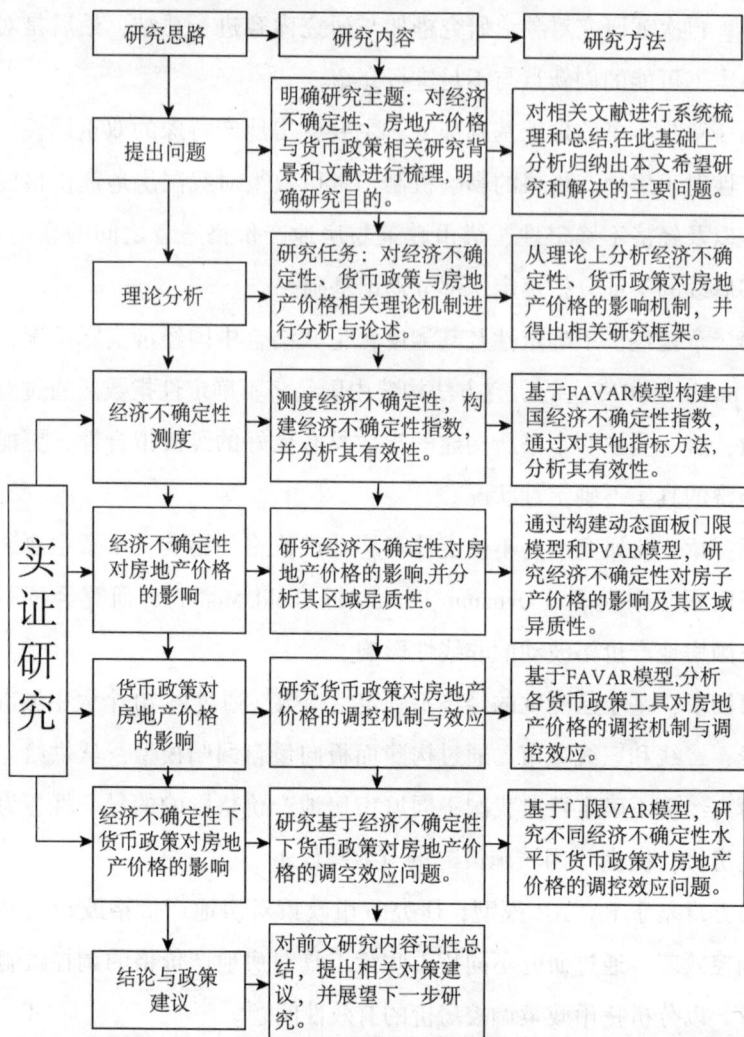

图 0-2　本书的研究框架图

第六节　本书的主要贡献与研究局限

一、本书的主要贡献

本书就经济不确定性下货币政策对房地产价格的调控问题等进行研

究。本书可能的边际贡献在于：

1. 本书通过混频方法，将所选取的众多宏观经济变量变为同频的月度数据，再基于 Factor - augmented VAR 模型构建了中国经济不确定指数（eu）。通过该方法构建的经济不确定性指数，能更好地捕捉宏观经济信息，也能较为全面地反应我国经济的整体运行状况与不确定性水平。

2. 通过构建动态面板门限模型，实证研究了经济不确定性对我国房地产价格波动的影响及其区域异质性。通过将我国 70 个大中城市划分为一线、二线和三线城市，以研究经济不确定性对各线城市房价波动的异质性，为房地产调控的"因城施策"提供了有效支持。已有文献主要基于经济政策不确定性视角研究其对房价的影响，鲜少有文献通过构建中国经济不确定性指数来研究其对我国房价的影响及其区域异质性问题。因此，本书在此研究内容上，具有一定的创新性。

3. 已有文献研究货币政策对房地产价格的影响，一般就常规货币政策工具对房地产价格的影响进行分析，或是从 EPU 指数视角出发，研究常规货币政策工具对房地产价格的影响，鲜少有文献从经济不确定性视角出发，既研究常规货币政策对我国房地产价格的影响，又研究非常规货币政策对我国房地产价格的调控效应，因此，本书在此方面具有一定的创新性。

二、研究的局限性

基于研究者时间、精力、学识与经费等的限制，本书在相关问题研究上，还存有不足，需要在接下来的学习与科研工作中，加以改进与完善。

1. 研究体系可能需要进一步完善。受制于本书研究重点与个人精力能力等的限制，在研究经济不确定性对货币政策与房地产价格的影响与联动机制之时，严格意义上来说，应该要对涉及房地产价格的所有因素进行分析，尤其是房地产价格的泡沫测度问题。之所以未做这方面的分析，主要考虑了房地产价格自身涵盖了泡沫因素，为了研究简化，因而未做具体分析，而这可能成为本书研究的不足之处。在接下来的学习与研究中，笔者将继续就经济不确定性与房地产价格等相关问题，作更加深入与细致的研究，以涵盖更加全面的房地产价格信息，从而得到更全面更有力的研究成果。

2. 数据收集和计量技术上有待进一步提高。本书在数据获得和数据选取上可能存在一些不足，比如一些城市的个别指标的统计数据不够全面，虽然经过了一些数据处理，但终究不是原始数据，可能导致实证结果不够贴近现实。此外，一些计量分析中变量选择可能还不尽科学，从而给实证结果的可靠性造成了一定的影响，这些有待笔者不断的学习与提高。

第一章

相关理论基础

第一节 房地产的特殊属性

房地产既具有一般实物资产属性，又具有虚拟金融属性，正因为这些特殊属性，使得房地产与普通商品和其他金融资产既有联系，又有区别。同时也正因为这些特殊属性，致使房地产容易受经济不确定性、货币政策等外生冲击的影响，造成房价波动。因此，房地产的特殊属性，是本书的立论基础。

一、房地产的实物资产属性

房地产是房产与地产的结合，因此，房地产作为一个整体概念，既具有房产的属性，又具有地产的属性。根据经济学定义，房产首先属于耐用商品与大宗商品的范畴，因此，房地产具有一般商品属性——既有使用价值也有交换价值，具有满足人们居住需求的效应。具体表现为，房地产是由建筑材料搭建而成，为广大消费者提供生活居住场所，为企事业单位提供生产与办公空间等。因此，房地产是人们进行生产与生活的重要基础条件。与房地产相关联的上下游行业多达几十个，如有建筑业、原材料加工与生产业，以及相关服务业等，多数仍属于实体经济领域，因此，房地产的建设投资，可以有效带动其他行业投资，最终导致总产出增加与劳动就业的提升等。例如，在我国，每增加1亿元的住宅投资，会带来其他23个相关产业增加近1.5亿元的投入。因此，房地产因其实物资产属性，使得房产持有者可以通过获得租金收入等，得到更多的资产与财富，而房地产也日益成为我国广大居民最为重要的物质资产与财富。

二、房地产的虚拟金融属性

房地产是房产与地产的结合体，其中，房产主要表现为实物资产属性，是居民的重要物质财富；而作为房地产重要组成部分的地产，则具有非常强的虚拟金融属性。在经济学理论中，土地一般通过租金的形式给予定价，租金就是土地价值的体现，俗称"地价"。地价是对土地未来收益的贴现，因此，土地具有较强的金融属性。房地产作为房产与地产的综合体，在进行出售时，是采取资本化方式定价的，这是房地产金融资产属性的重要源头。20世纪90年代，房地产就占到美国家庭资产总额的一半以上。而我国在21世纪初时，房产占家庭总资产还不足一半，但到2019年，房地产占家庭总资产的比重超过了70%，房地产已成为我国国民财富的重要储存形式。

综上所述，一方面，房地产的实物资产属性造就了它不仅具备一般大宗耐用品的效用属性，成为各行各业和消费者的刚需品，从而造就了它区别于股票等其他金融资产的特性，价格波动幅度不如金融资产剧烈。另一方面，结合了房产与地产双重特性的房地产，尤其是存量房地产品，具有了越来越强的虚拟金融属性，必然也会像其他金融资产一样，既受自身供给与需求的影响，也会受经济不确定性等外生冲击的影响，房地产价格会产生较强波动。其越来越强的虚拟金融属性，是造成经济不确定性、各种调控政策等外生冲击能够影响其价格波动的根本原因，也是本书的重要立论基础。

第二节 经济不确定性影响房地产价格机理

中国作为世界最大的发展中国家，通过加入 WTO 组织，不断融入世界经济体系，在改革开放与新科技革命的助力下，已发展成为拥有全工业品类的世界工厂与全球第二大经济体。然而，我国也同样面临着经济增速放缓，经济结构调整，改革进入深水区等问题。这些都会给我国经济发展带来越来越强的不确定性。

经济不确定性影响社会经济的方方面面，因此，从宏观上来看，作为我国重要经济部门的房地产业，必然也会受到宏观经济运行与波动的影响。此外，房地产业上下游涉及几十个行业，各行业受宏观经济运行的影响，必然也会把不确定性传导给房地产市场。作为房地产市场本身，行业自身的运行与出清以及与整个市场经济的协动，也会导致房地产市场产生波动。对于中国而言，因房地产业的特殊发展路径，以及因购房者、房地产开发企业、政府、银行等部门间特殊的联动关系，使我国房地产市场容易受到经济不确定性的冲击。经济不确定性在微观层面，主要通过"实物期权效应"和"预防储蓄效应"两种渠道分别作用于房地产投资与消费，具体为：

一、基于实物期权效应的投资抑制性

实物期权效应，又被称为"等待观望效应"，该理论起源于微观领域的"不可逆投资理论"（Bernake，1983；Dixit & Pindyck，1994）。实物期权效应的核心内容是，因为投资的不可逆问题，以及雇佣员工高成本问题，在遭受经济不确定性冲击时，人们会本能地从成本收益的角度考量，延缓投资与招聘行为，等待经济不确定趋缓或者是消失。根据实物期权效应，房地产企业的投资和招聘员工被认为是该企业持有和执行了"看涨期

权"，投资和招聘的成本就是期权的执行价格。房地产企业如果选择当前进行投资和招聘，就意味着企业通过计算，认为当前的投资行为可以给企业带来可观的收益——超过了企业投资成本与等待价值，否则，企业将等待不确定性消退，再进行投资与招聘，以规避不确定性产生的风险，增加投资收益的确定性。因此，当经济不确定性突然增加时，会导致房地产企业延缓投资与招聘行为，导致当前总产出下降，失业率上升。等到经济不确定性逐渐消退时，房地产企业或投资人会增加投资与招聘行为，以补偿之前被压抑的相关需求。

二、基于预防储蓄效应的消费抑制性

不确定性对消费的影响，可以追溯到预防性储蓄理论。该理论认为，当效用函数具有可分性，且当保险市场不完备时，劳动收入不确定性增加将导致消费者选择减少当前消费行为，也会据此改变消费路径斜率。当经济处于充分竞争状态，且价格"无粘性"的情况下，经济不确定性如果上升，会导致人们产生强烈的"危机意识"，倾向于向企业与社会提供更多的工作，这样会有效降低企业的边际成本，也会导致总产出因劳动供给的增加而增加，经济不确定性在此时对经济具有扩张效应。但是，如果经济不是处于充分竞争状态，工资与价格是"粘性"的，必然导致企业的边际成本上升，高成本转嫁之后必然导致高商品价格，如果此时再遭遇经济不确定性冲击，会导致投资者选择减缓或者停止投资与招聘行为，消费者也会选择降低消费，增加储蓄的行为，必然抑制有效需求，并导致总产出的下降。因此，在真实的市场经济下，不确定性冲击下的"预防储蓄效应"将导致总需求与总产出的下降。

具体到房地产行业，主要通过影响消费者两大方面的不确定性，来影响其房地产的消费投资预期，从而影响房地产价格。一是影响购房者的收入，导致其经济收入不确定。购置住房对于普通居民而言，是笔巨大的消费支出，收入的不确定性，对于需要银行贷款按揭买房的城市居民而言，无疑是巨大压力。因此，短期内，面对经济不确定性冲击，城市居民往往

会通过增加储蓄减少消费来维持安全感。二是影响居民消费的不确定性。从改革开放前，居民的长期消费与大宗商品消费，甚至包括看病医疗等都由国家安排，消费不确定性较低，到我国实行市场经济体制以来，建立了适应于这种体制的社会保障制度，但基于我国尚处于发展的转型期，社会保障体系还不够完善，教育、医疗和养老等问题，尚存在保障不到位的问题，因此，在当前市场经济条件下，居民消费存在较大不确定性。尤其是那些消费不确定性较高的家庭，往往会缩减非住房类消费，以支持更高价格的房地产消费，或是增加储蓄，以支持未来更多的住房消费。

综上所述，在微观领域，经济不确定性主要基于实物期权效应与预防储蓄效应，通过影响供给端的房地产开发商的投资预期与需求端的消费预期来综合作用于房地产价格。从已有研究来看，房地产开发商出于谨慎投资的考量，在高不确定性下会有减少房地产投资开发的趋向，从而在一定时期内有降低房地产供应的趋势。而房地产消费者鉴于经济不确定性导致的收入与消费的不确定性，出于平滑消费和资产避险的需求，在短期会有降低购房需求的趋势，但在中长期会通过增加购房消费，保存资产价值，以应对更大不确定性的冲击，最终导致购房需求在中长期呈增长态势。供给端和需求端同时发力，导致房地产供应"相对紧张"，房价在中长期不可避免呈现上涨趋势。这就是经济不确定性影响房地产价格在微观层面的主要作用机制。

第三节 货币政策影响房地产价格机理

房地产对于普通百姓的生活意义重大，因此成为人们关注的重点行业。房地产既是居民财富的重要储存手段，也承载了经济增长的重要作用。然而房地产在发展过程中存在的问题，尤其是2007-2009年因"次贷危机"引发的金融危机，给世界敲响了警钟，对于房价的过快上涨可能造成的对金融和经济的消极影响，需要给予充分的关注。

房地产因既有实物资产属性，又具有虚拟金融属性，导致其容易受不确定性等外生冲击的影响，也是货币政策能够影响其价格的重要基础原因。早期经济理论认为，资产价格受供给与需求共同作用，而流动性又是影响资产需求的重要因素。当流动性增加时，资产价格会升高，反之，流动性下降，资产价格也将跟着下降。2008年金融危机的爆发，进一步强化了这种观点，即认为资产价格上涨的主要原因在于货币政策扩张导致的流动性增加。

货币政策可以促进房地产价格上涨，那么通过货币政策操作与调控，能否实现房价增速降低，使房地产价格与经济发展水平、与人民收入水平增长同步，最终实现稳定房价的目标呢？这需要深入分析货币政策影响房价的机理。

一、货币政策影响房地产价格原理

新古典综合学派与新凯恩斯主义都认为货币政策是有效的，即由于市场经济运行的不完美，导致工资与价格粘性的存在，货币政策的实施必然导致市场上货币供应量的变化，也必然导致总需求与总产出发生变化，货币政策是有效的。基于货币政策有效性的基本原理，成为货币政策工具能够干预经济运行以及资产价格变动的重要基础。

我国货币政策工具分为一般性工具、选择性工具以及新工具等。一般性货币政策工具包括公开市场操作、存款准备金和再贴现等，多属于间接调控工具，主要是从总量上对货币供应量和信贷规模进行调节。选择性货币政策工具多属于直接调控工具，侧重于对银行业务活动质的方面进行控制，是常规性货币政策工具的必要补充。新工具主要指结构性货币政策工具，有常备借贷便利 SLF，中期借贷便利 MLF，抵押补充贷款 PSL 与短期流动性调节工具 SLO 等。由于我国不同行业不同区域存在不均衡发展问题，中央银行为了促进经济的有效协调发展，采取了不同于统一货币政策的有差异化的货币政策，即结构性货币政策。结构性货币政策工具因具有贷款优惠、利率优惠、消费者信用管制等特点，近年来被越来越频繁地采用。值得注意的是，结构性货币政策对国家经济运行状况的影响是局部性的，而非全局性质的。

一般性货币政策工具对于房地产价格的影响，主要表现为，当存贷款利率下降与货币供应量增加时，导致流动性增加，以及企业与消费者的用资成本下降。房地产开发商基于更多的资金支持与更低的用资成本，必然会加大其实力，提升其议价话语权，导致在房地产供应总量一定的情况下，有提升房价的能力与动力。而消费者通过贷款购房的能力，随着利率下降贷款增加而提升，购房需求不断增加。综合作用之下，导致房地产价格上涨。结构性货币政策对于房地产价格的作用机理，在根源上同于一般性货币政策，即还是通过降低贷款利率，以及增加货币供应量而导致流动性增加，从而促进房价上涨。比如，结构性货币政策中的中期借贷便利政策（MLF），在中期通过影响货币投放量而造成流动性变化，从而影响房价。特别是基于"棚户区改造"而设立的抵押补充贷款政策（PSL），因为，通过给与拆迁户直接的货币化补偿，以及给与开发商更低利率与更高成数的企业债支持，导致货币总量增加，利率下降，企业资金成本下降，消费者购房需求增加，最终导致房地产价格上涨。

二、货币政策影响房地产价格渠道

货币政策影响房地产价格的一般渠道主要有：（1）利率渠道。货币政策利率传导机制的核心思想在于：货币供应量增加将会导致利率下降，利率下降又将导致借贷成本下降，而借贷成本的下降，会使得房地产开发商的资金成本下降，房地产开发投资就会上升；同时也会导致消费者对房地产支出增加，从而导致房地产需求上涨，进而导致房地产价格上涨，最终导致总需求增加。（2）货币政策通过托宾 Q 渠道和财富效应渠道影响房地产价格。托宾 Q 渠道认为当货币政策较为宽松时，房地产的 Q 值通常会大于 1，且有上升的趋势。这意味着对房地产进行新增投资能够获益，由此会吸引更多的资金与投资者参与，并引发需求的扩张，产出与价格将出现上升。财富效应渠道方面，房地产因其具有的虚拟金融属性，也可作为消费者金融资产的一部分，因此，扩张性货币政策将导致消费者包括房地产在内的金融资产升值，由此会增加消费者生命周期中的财富总额，消费支出随之增加。(3) 货币政策通过信贷渠道与资产负债表渠道影响房地产价格。核心观点在于，宽松的货币政策会增加商业银行的可贷款数量，同时也会降低房地产开发企业与消费者的贷款利率，降低用资成本，可以刺激企业与消费者更多的投资与购房消费。同时，宽松的货币政策也会导致资产价格上涨，企业与消费者通过抵押房产可获得更多的资金支持与更低的利率支持。

三、货币政策影响房地产价格的具体路径

总的来说，货币政策影响房价的具体路径主要为：通过货币政策工具作用于需求端的房地产消费者和供给端的房地产开发企业来影响房价，具体如图1-1所示。

1. 需求路径。在中国，消费者主要通过银行按揭贷款的方式来筹措资金购买房产。因此，当利率下降、信贷扩张或货币供应量增加时，无论是刚需型购房者，还是投资型购房者，甚至是投机型购房者都将更容易获得资金支持，用于购买更多房产，购房需求上升，推动房地产价格上涨。

2. 供给路径。同理，当货币政策宽松时，房地产开发商更易获得资金支持，且融资成本更低，导致开发商资金链良好，不需要通过降价或者打折的方式回笼资金，议价能力更强。至此，开发商可以通过提高售价的方式，实现利润最大化。即便货币政策宽松会导致房地产市场供给增加，但在销售市场旺盛时，开发商会利用自身主导地位，对房地产价格实施管控。而当市场需求较弱时，一段时间内，房产价格会有所下降，但如果开发商资金链良好，出于最大化收益考量，开发商不会主动降价销售，因而房价还是会较为坚挺，不会出现大幅降价和长期降价的情况。

```
┌─────────┐   需求路径    ┌─────────┐   ┌─────────┐
│ 利率下降 │─────────────→│消费者更易获│──→│房地产需求增│
└─────────┘              │得贷款   │   │加       │
                         └─────────┘   └─────────┘           ┌─────────┐
┌─────────┐                                                  │房地产价格上│
│货币供应量增│──────────────────────────────────────────────→│涨       │
│加       │                                                  └─────────┘
└─────────┘
┌─────────┐   供给路径    ┌─────────┐   ┌─────────┐
│信贷规模扩大│─────────────→│开发商更易获│──→│开发商议价能│
└─────────┘              │得融资   │   │力更强   │
                         └─────────┘   └─────────┘
```

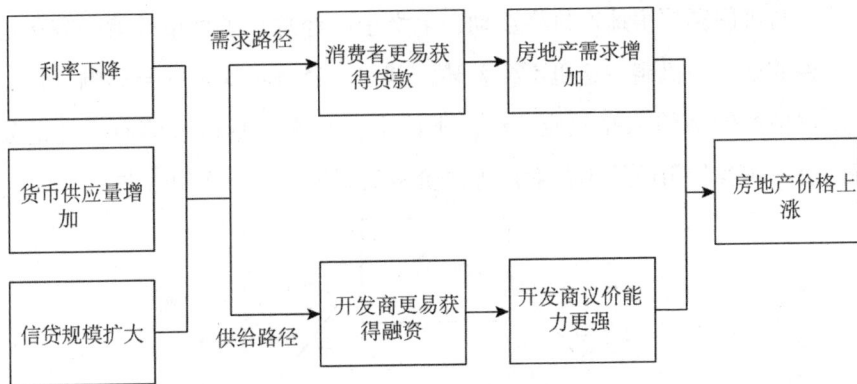

图 1-1　货币政策影响房地产价格的具体路径

第四节　经济不确定性影响货币政策调控房价的机制

随着 20 世纪 80 年代我国实行商品房制度以来，房地产价格随着经济发展水平的不断上升而上涨，其中不乏价格泡沫的滋生。一方面，房价企业对经济增速和经济结构产生重要影响；另一方面，因房地产市场较为单一的融资结构，快速上涨的房价也增加了我国银行系统的信贷风险，从而威胁到整个金融系统的稳定。为此，需要国家利用相关政策进行有效调控。在众多调控政策中，货币政策是调控房地产价格的重要手段，应该积极发挥其作用。当前，在空前复杂的国际国内形势下，经济不确定性对于货币政策的影响尤为显著，再加上房地产业在我国的特殊地位，研究经济不确定性下货币政策对房地产市场的调控效应，具有重要的理论与现实意义。经济不确定性下货币政策与房地产价格的相互关联机制，可以归纳如图 1-2 所示。

经济不确定性、货币政策与房地产价格三者之间的关系与联动机制，可以概括为：其一，经济不确定性会影响房地产价格波动，又可以解释为经济不确定性对房地产价格具有直接的溢出效应；其二，货币政策通过一定渠道与机制影响房地产价格波动，上文中已经总结了货币政策影响房地产价格的原理与机制，这里不再赘述；其三，经济不确定性会影响货币政策对房地产价格的调控效应。经济不确定性会影响货币政策有效性的发挥，会影响各货币政策工具对房地产价格的调控效力与作用方向。

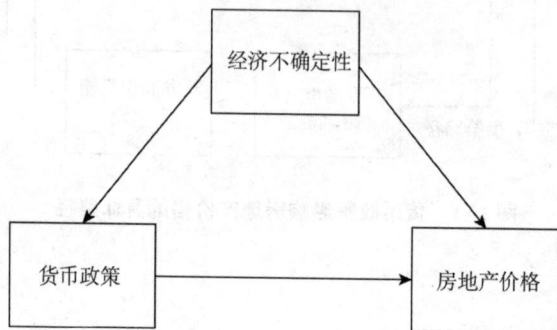

图1-2　经济不确定性、货币政策与房地产价格之间的关系

一、经济不确定性对房地产价格具有溢出性

经济不确定性对宏观经济具有重大影响，甚至影响商业周期与经济周期。例如，Bloom（2009）将不确定性冲击视为推动商业周期的新冲击，他认为经济不确定性是具有强烈反周期性的，在衰退期间急剧上升，特别是2007-2009年的大衰退期间。其次，在具有异质公司的动态随机一般均衡模型中，量化时变不确定性对经济的影响时发现，经过合理校准的不确定性冲击可以解释GDP约3%的下降与反弹。此外，不确定性的增加会改变政府政策的相对影响，使它们在最初时效果不佳，随后变得更加有效。经济不确定性对宏观经济的巨大影响，必然传导到国民经济的各行各业。在我国，同数十个行业密切相关，尤其跟银行信贷系统息息相关的房地产业，更是会受宏观经济不确定性的影响，经济不确定性已成为房地产价格波动的重要来源之一。经济不确定性在微观层面上通过影响房地产开发商的供给与购房者的需求来综合作用于房价，在本章的第一部分已对此进行了详细论述，这里不再赘述。总之，经济不确定性对房地产价格具有强烈的溢出性。

二、经济不确定性影响货币政策调控房价的机理

众多研究表明，经济不确定性会影响货币政策有效性的发挥。Dixit&Pindyck（2007）以及Bloom（2009）的研究结果均表明，较高的不确定性会削弱货币政策的有效性，其原因在于当不确定性处于高水平时，经济个体出于避险需求，将会做出等待经济不确定性下降或者消失再做决策的行为，从而人为降低了对货币政策调控的敏感性，因此导致政策当局实施的货币政策传导效率下降，目标调控效果不及预期。Pellegrino G（2021）还利用了美国"二战"后的数据，通过估计一个非线性VAR来研究不确定性与货币政策之间的相互作用。研究发现，当不确定性较高时，货币政策的有效性会降低。国内一些学者也从不同角度证明，不确定性会影响货币政策有效性的发挥（金春雨，张德园2019；贾德奎等2021；刘金全等2021），其中就包含了经济不确定性会影响货币政策对房地产价格调控效率的发挥。图1-2显示了经济不确定性、货币政策与房地产价格三者之间的主要关联机制。根据前文所述，首先，经济不确定性会直接影响房地产价格波动，对房价造成溢出效应，具体表现为，在短期内，经济不确定性会对房地产价格产生抑制效应，但在中长期会对房地产价格产生促进效应。其次，货币政策会通过各种传导渠道与机制，影响房地产的价格波动。如前文所述，货币政策通过各大传导渠道影响市场流动性，最终影响房价波动，如利率渠道、托宾Q渠道、财富效应渠道、信贷渠道等；最后，经济不确定性会通过影响货币政策调控房价的有效性来间接影响房价。主要作用机理在于，不同经济不确定性水平会对各货币政策工具的调控效率产生不同的影响。经济不确定性通过影响房地产参与各方的预期，来影响各方的决策与行为，从而综合作用于房价。比如高经济不确定性下，房地产开发商有延缓房地产开发的行为，从而导致房地产供应紧张；银行等金融机构在高经济不确定性下，会更加谨慎地发放贷款，并会通过提升利率的形式，来弥补因高经济不确定性，可能带来的坏账损失，而这会导致房地产开发商与消费者的贷款利率上升，贷款额度下降，资金成本

上升，从而影响房地产的需求与供给，最终导致房价波动。

本章小结

本章首先分析了房地产的特殊属性，即房地产具有实物资产属性与虚拟金融属性。房地产的实物资产属性造就了它不仅具备一般大宗商品与耐用消费品的效用属性，又因为结合了房产与地产的双重特性，房地产具有了越来越强的虚拟金融属性，因此，导致房地产价格既受自身供给与需求的影响，也会受经济不确定性等外生冲击的影响，造成房地产价格产生较强波动。房地产的双重属性是造成经济不确定性、各种调控政策等外生因素能够影响其价格波动的根本原因，也是本书的立论基础。

本书接着分析了经济不确定性在微观领域影响房地产价格的一般机理。在微观领域，经济不确定性主要基于实物期权效应与预防储蓄效应，通过影响房地产的供给端与需求端的消费者需求，来综合发力，导致房地产价格中长期呈上涨趋势。本书随后分析了在不考虑经济不确定性情况下，货币政策影响房地产价格的一般机理，即货币政策通过利率渠道、托宾 Q 效应、财富效应、信贷渠道与资产负债表等渠道，通过房地产需求路径与供给路径来共同作用于房地产价格。然后，分析了在考虑经济不确定性情况下，货币政策调控房地产价格的有效性，以及三者的具体关联机制，即经济不确定性一方面对房地产价格具有直接的溢出性；另一方面，又会通过影响货币政策调控房地产价格的有效性来间接影响房价。基本逻辑是经济不确定性通过影响货币政策工具各传导渠道的传导效率，作用于房地产需求与供给，从而影响房地产价格。总之，本章是本书的理论部分，将为后续实证研究提供部分理论基础。

第二章

经济不确定性及其测度

　　至 2008 年金融危机之时，随处可见的不确定性才正式被主流经济学所重视，越来越多的学者开始研究不确定性在微观上对企业投资、家庭资产配置、财富分配等的影响，在宏观上对各政策实施效果，对总产出与总需求，乃至对整个经济波动与经济周期的影响等。从各方面的研究来看，总体而言，不确定性对总产出与总需求的影响是负面的，不确定性也会削弱国家政策的调控效果。因此，研究经济不确定性，对于合理配置家庭资产，优化企业投资，提升政府政策调控效率以及预警金融与经济危机等，都具有重要的理论与现实意义。

　　由于无法直接观测经济不确定性，因此，对于不确定性的测度是经济不确定性相关问题研究的重要基础问题。基于不同的经济不确定性的定义，现有文献从多个角度，基于多种方法对不确定性进行测度。总的来说可以划分为三大类：一是以某个代理指标来代替经济不确定性；二是基于商业调查的主观截面数据偏差与预期偏差等测量经济不确定性；三是基于宏观经济与金融数据预测误差的度量等。

　　（1）以某个代理指标来代替经济不确定性，是指不直接去测度经济不确定性，而是通过某个跟宏观经济密切相关的指标来代理经济不确定性进行研究分析，典型代表有：Bloom（2009）、Caggiano（2014）和 Bekaert（2013）

等都采用过 VIX 指数作为经济不确定性的代理指标来研究其与经济波动间的关系。Baker et al.（2016）提出基于报纸覆盖频率，测算出整体经济政策不确定性指数（EPU），并作为经济不确定性指数的代理指标来进行分析。马锦浩（2019）以我国商品房市场不确定性指数代理我国经济不确定性指数进行了相应的实证研究等。（2）基于商业调查的主观截面数据偏差与预期偏差等测量经济不确定性是指，通过一系列的调查统计，获取被调查者对于当前经济评估和未来经济预期截面数据的偏差，来表示经济不确定性。如 Bachmann et al.（2013）使用德国商业环境调查数据，构建了基于事前分歧和事后预测误差的不确定性度量指标，并进一步利用美国商业前景调查数据，构建了基于预测分歧的不确定性度量指标。Rossi & Sekhposyan（2015）根据 SPF 预测的 GDP 数据，通过比较 GDP 的已实现预测误差是否处于历史预测误差分布的尾部，来衡量宏观经济不确定性。Leduc & Liu（2016）利用密歇根大学消费者调查数据衡量了消费者感知的不确定性。Ma & Samaniego（2019）根据美国机构经纪人预测系统的预测数据，以预测误差绝对值的中值来衡量不确定性，构建了美国总体不确定性和行业层面不确定性指数。（3）基于对关键宏观经济与金融指标的预测误差来度量宏观经济不确定性，代表研究有 Jurado et al.（2015）和 Scott（2016）等。排除可预测的风险，基于"不可预测性"的核心特征，不确定性就是不可预测部分。随后，一些学者沿用 Jurado et al.（2015）的构建方法构造了不同国家或其他类型的不确定性指数，例如 Shin et al.（2018）构造了韩国宏观经济不确定性月度指数，Grimme & Stockli（2018）构造了德国宏观经济不确定性指数，Tran et al.（2019）构造了新西兰宏观经济不确定性指数，Mumtaz（2018）构造了美国州级层面的宏观经济不确定性指数。Thanh et al.（2018）构建了一个房地产行业不确定性指数，Redl（2020）构造了 11 个发达国家的经济不确定性指数和金融不确定性指数。国内方面，黄卓（2018）、马丹等（2018）、金春雨和张德园（2019）、王蕊（2019）、刘玉荣等（2019）、张德园（2020）、赵文佳等（2020）等，分别借助 Jurado et al.（2015）的方法，从不同视角构建了中国宏观经济不确定性指数或行业不确定性指数等。Scott（2016）则使用了宏观经济变量首期发布的实际值和以彭博社预期中值衡量的预测值，以实际发布数据与彭博社预期之间的差异进行加权，以构建不确定性指数。

综合对经济不确定性测度的已有文献，每一种方法都有其优缺点。以某个代理指标来代替经济不确定性，其优点主要在于指标易得，原理清晰，指标客观，方法简单，数据处理量小。主要缺点是指标单一，难以完全反映经济的整体情况；以商业调查的横截面数据偏差与预期偏差来测度经济不确定性，由于其拥有较丰富的针对不确定性的主观调查数据，且数据易于量化处理，因而，该种方法的优点在于其思路清晰，调查指标、受访群体以及调查周期等都可以自由调节，因此，其结果具有针对性与价值性。但其主要问题在于样本量的合理确定与调查数据的处理上，还有较为单一的指标选择上，难以覆盖经济整体。而基于宏观经济与金融数据预测误差的度量，相较于波动率与离散度，以及一般主观调查方法，其优势在于，该方法一方面剔除了经济运行过程中的可预测成分，突出了不确定性的核心特征；另一方面，根据大量经济金融数据的不确定性成分合成为一个综合指标，可以有效弥补单一指标存在的不足。

通过对上述各种方法优缺点的比较，本书将借鉴 Jurado et al（2015）方法，基于 FAVAR 框架下，通过混频算法，将我国季度 GDP 数据转变为月度 GDP 数据，并加入到模型中，测算出符合中国国情的经济不确定性指数，并通过与其他指数测度方法进行比较分析，以说明本书测度的经济不确定性指数对我国经济不确定性拟合的有效性。

第一节 经济不确定性的含义

不确定性概念最早是由奈特于 20 世纪 20 年代提出的。在《风险、不确定性和利润》一书中，他严格区分了不确定性与风险。他认为风险是有明确概率的可能性，比如 30% 的风险系数等，而不确定性是没有确定概率的，即人们无法预测未来事件发生的可能性，所以，认为不确定性不等于风险。虽然经历了近百年的历史，关于不确定性，人们依然没有达成统一的认识。尤其在2008年以前，主流经济学一直忽视了不确定性这个随处可见的问题，直到2008年美国次贷危机的爆发，由Bloom等学者为代表，提出不确定性是引起美国金融危机的重要原因，应该高度重视不确定性问题，自此，不确定性才正式进入主流经济学视野。经过近几年的发展，不确定性已成为经济学研究的热点之一。但因对其研究的时间较短，关于不确定性的研究尚有很大发展空间，众多学者对经济不确定性的研究，在多个方面都没有形成统一的认识，首先就表现在对经济不确定性含义的理解与界定上。

对经济不确定性含义的理解与界定，代表性观点主要来自于三位学者，（1）Bloom（2014）认为，"经济不确定性是人们对未来经济状况知之甚少或一无所知的环境"。他认为经济不确定性来自于方方面面，既包括了诸如GDP、消费、投资等宏观经济波动，也包括了来自经济与金融政策的频繁变动，还包括了来自于企业、政府部门与个人对未来经济发展状况的预测分歧等，还包括了地区军事冲突、恐怖袭击、重大自然灾害以及重大疾病等非经济事件等对经济的冲击与影响。（2）Rossi&Sekhposyan（2015）认为经济不确定性是行为人不能完全理性地明晰未来经济状态的分布特征，进一步说，即便人们可以描述未来产出的分布情况，但也无法预知未来产出的准确分配概率。（3）Jurado et al.（2015）将经济不确定性描述为"行为人对当前或未来经济状况不确定程度的一种状态"。他将经济不确定性定义为不可观测成分的条件波动，总体不确定性是各指标系列不确定性的加权和。

严格意义上来讲，经济不确定性是一个不可观测变量，一些研究常用测算出来的经济波动性或者风险作为经济不确定性的代理指标，而经济不确定性应该指的是波动或者风险中不可预料的部分，而这些代理变量存在对经济不确定性的高估。在构建指数的过程中，这些波动性指标之间存在显著的独立波动性，如果通过简单的加权来构建综合指数，表明这些波动之间并不存在一个共同的驱动因子，他们的波动也不是由经济不确定性所共同驱动。更严重地，这种将波动性或者风险作为代理指标的做法，与我们通常所理解经济不确定性的涵义完全背离。例如，当经济基本面进入一个稳定期时，即便经济不确定性可能没有发生任何变化，部分市场的波动性或者风险，仍然会随时间变化。这种变化甚至不依赖于经济不确定性的变化，因此这种代理指标的处理方式在经济平稳期会陷入明显的悖论。因此，通过对上述三种关于经济不确定性含义的理解，本书认为 Jurado et al.（2015）的定义，更加突出了经济不确定性的不可预测性的核心特征，同时，基于分离大量宏观经济与金融数据中的不可预测部分，将其作为经济不确定性的构建指标，测算得出的经济不确定性指数，首先在理论逻辑上更加合理可靠。因此，本书主要采用 Jurado et al.（2015）关于经济不确定性的含义的理解与界定，并进一步利用 FAVAR 框架，基于大量宏观经济与金融数据，测算出我国的经济不确定性指数。

第二节　中国经济不确定性指数测度

一、经济不确定性指数的测度方法

本书主要借鉴的是 Jurado et al.（2015）的方法，再结合我国国情与数据，构建了中国经济不确定性指数。首先，本书对经济不确定性指数进行了定义：排除可预测的风险，基于"不可预测性"的核心特征，不确定性就是不可预测的部分。根据 Jurado et al.（2015）的研究，经济变量单个序列的不确定性 $v_{jt}^{y}(h)$ 被定义为：

$$v_{jt}^{y}(h) \equiv \sqrt{E\left[\left(y_{jt+h} - E\left[y_{jt+h} \mid I_t\right]\right)^2 \mid I_t\right]} \tag{2-1}$$

其中，$j = 1, \cdots, N$。变量 $y_{jt} \in Y_t = (y_{1t}, y_{2t}, y_{N,t})'$，$h$ 为预测期，$E(\cdot)$ 为条件期望，I_t 为 t 时刻的信息集。本书所要构建的中国经济不确定性指数，则需通过对每个指标序列赋予权重 w_j，求得其加总的条件波动率，得出的数值就是中国经济不确定性指数，即有：

$$ESAI_{t+h} \equiv v_t^y(h) \equiv plim N_{y \to \infty} \Sigma \sum_{j=1}^{N_y} w_j v_{jt}^y(h) \equiv E_w [v_{jt}^y(h)] \quad (2\text{-}2)$$

因此，中国不确定性指数构建的基本计量框架如下：

（1）本书需要通过预测模型得到各个指标的预测值，以替换（2-1）式中的各条件均值，由此得到的残差项，作为各指标的不可预测部分，也即得到经济不确定性指数的估算基础。选用的 K 个前定解释变量，这里记作 $K \times 1$ 的向量 w_t，然后对以下标准模型进行估计：

$$y_{t+1} = \beta' W_t + \varepsilon_{t+1} \quad (2\text{-}3)$$

（2）模型（2-3）可能会存在遗漏变量的问题。借鉴 Stock & Watson（2006）的做法，如果在模型中，加入大规模数据集，并通数据集估计公因子时，对金融市场收益率等的模型预测，效果会有较大幅度上升。因此，本书采用大量经济时间序列，采用 FAVAR 模型得到少数几个共同因子，然后将其加入到标准模型中，以提升各个指标的有效预测值，这样本模型的预期遗漏变量问题，就能得到有效缓解。

（3）将共同因子带入基准模型，可得到：

$$y_{jt+1} = \varphi_j^y(L) y_t + \gamma_j^F(L) \hat{F}_t + \gamma_j^W(L) W_t + v_{jt+1}^y \quad (2\text{-}4)$$

由于因子具有自回归的动态结构，所以通过矩阵将上述模型变换成一个更紧凑的表达式，构成一个 FAVAR 结构：

$$\begin{pmatrix} Z_t \\ Y_{jt} \end{pmatrix} = \begin{pmatrix} \underset{qr \times qr}{\Phi^Z} & \underset{qr \times q}{0} \\ \underset{q \times qr}{\Lambda_j'} & \underset{q \times q}{\Phi_j^Y} \end{pmatrix} \begin{pmatrix} Z_{t-1} \\ Y_{jt-1} \end{pmatrix} + \begin{pmatrix} V_t^Z \\ V_{jt}^Y \end{pmatrix}$$

其中，$Y_{jt} = \Phi_j^Y Y_{jt-1} + V_{jt}^Y$，$E_t Y_{jt+h} = (\Phi_j^Y)^h Y_{jt}$。

而预测误差项的方差则为：

$$\Omega_{jt}^Y(h) \equiv E_t [(Y_{jt+h} - E_t Y_{jt+h})(Y_{jt+h} - E_t Y_{jt+h})']$$

当 $h = 1$ 时，$\Omega_{jt}^Y(1) \equiv E_t(V_{jt+1}^Y V_{jt+1}^Y{}')$

当 $h \neq 1$ 时，Y_{jt+h} 预测误差项的方差演进过程为：

$$\Omega_{jt}^Y(h) = \Phi_j^Y \Omega_{jt}^Y(h-1) \Phi_j^Y{}' + E_t(V_{jt+h}^Y V_{jt+h}^Y{}')$$

所以，当 $h \to \infty$ 时，预测的结果是无条件均值，且预测误差项的方差是 Y_{jt} 的无条件方差。这意味着 $\Omega_{jt}^Y(h)$ 随着时间间隔 h 的变长，偏离程度会越来越小。而预测模型残差项的标准差 $v_{jt}^y(h)$ 就是 $\Omega_{jt}^Y(h)$ 的平方根，即有：$v_{jt}^y(h) = \sqrt{1_j^{'} \Omega_{jt}^Y(h) 1_j}$。

（4）对每个指标所计算的结构偏离程度取加权平均值，即可得到所需要的经济不确定性指数：

$$U_{t+h} \equiv v_t^y(h) = \sum_{j=1}^{N_y} w_j v_{jt}^y(h) \tag{2-5}$$

二、变量选取与数据处理

基于上述测度方法，为了更加全面地衡量我国经济不确定性指数，在综合分析已有文献的基础上，本书最终选择了包含产出、就业、消费、房地产、货币与信贷、股市、汇率、景气指数、进出口等九大类共 56 个宏观与金融数据指标，其中 52 个为月度数据，而国内生产总值 GDP，第一产业产出，第二产业产出和第三产业产出四个指标为季度数据。对需要进行季度性调整的宏观数据，本书采用 X12 方法进行相应调整；对较大数值的，取对数化处理；对于如产出、消费等需要消除价格因素影响的，全部进行平减处理。对于金融数据，参照已有做法，所有收益率均进行年化率处理。通过混频 EM 算法，将所有季度数据转化为月度数据，并使用 ADF 检验来判断所有数据的平稳性，对于不平稳的数据进行差分处理，使其变成平稳数据。再根据 FAVAR 模型的要求，将所有数据进行标准化处理，全部转化为均值为 0 方差为 1 的标准序列。考虑到数据的可获得性，数据样本区间均选择为 2005 年 1 月至 2019 年 12 月。所有数据来自于国家统计局网站、中经网数据库与 Wind。

本书在测度中国经济不确定性指数时，之所以只选择了 56 个宏观经济指标，而不是像一些学者，如 Huang et al.（2018）选择了 224 个宏观变量，王维国和王蕊（2019）选择了 158 个宏观变量，主要原因在于，纳入的变量并不是越多越好，本书使用的是动态因子模型，该模型的核心假设是变量特质波动之间的截面必须是弱相关的，然而，多数宏观经济变量之间存在着高度的相关性，在动态因子模型中纳入过多的变量，反而会增加数据噪声并使得估计量不满足截面弱相关的假设，从而会降低估计的精度。Boivin & Ng（2006）通过蒙特卡洛模拟也发现，使用 40 个宏观经济变量反而能得到更准确的估计。因此，本书认为使用 56 个宏观经济与金融变量就能够获得更加准确的共同因子估计。

三、经济不确定性指数估计结果

本书首先利用混频 EM 算法，估算出我国国内生产总值、第一产业产出、第二产业产出和第三产业产出的月度数据值。再依据 Jurado et al.（2015）的研究方法，基于主成分分析方法对各宏观指标进行主成分因子提取，按 Bai & Ng（2002）提出的信息准则，最终确定了 4 个主成分因子。再根据 AIC 准则，确定了模型的滞后阶为 4 阶。在对随机波动模型进行估计时，使用了 MCMC 方法，总计进行了 50 000 次抽样，最终得出时间区间为 2005 年 1 月至 2019 年 12 月的中国经济不确定性指数，图 2-1 显示了我国经济不确定性指数的主要情况。

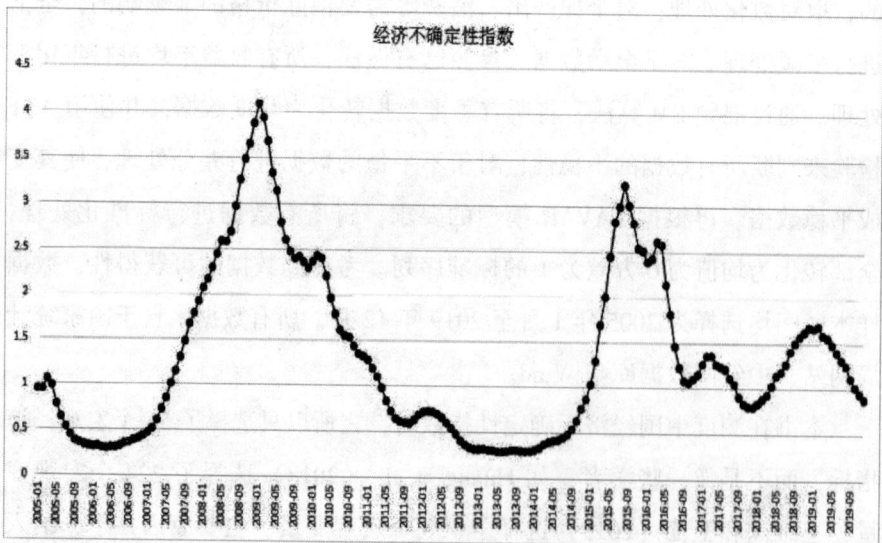

图 2-1　经济不确定性指数

（一）中国经济不确定性的总体状况

从图 2-1 可以看出，我国在 2005 年 1 月至 2019 年 12 月期间，共经历了两次经济高不确定性时期，一次是 2008 年期间，另一次是 2015 年期间。此外，还有经济不确定性的次高峰与小高峰时期，分别是在 2009-2010 年，2016 年，以及 2018-2019 年。这些峰值时期，基本上都对应着我国发生重大的经济与金融事件时期。除这些时期之外，都是经济不确定性的正常时期或者说是低经济不确定性时期，基本对应着我国经济运行较为平稳的时期。

（1）2008 年全球金融危机的发生，给世界经济带来严重影响，也给中国的经济带来了巨大冲击。金融危机首先影响了中国出口；其次，使我国面临经济增长趋缓和严峻就业形势的双重压力；再次，实体经济尤其是工业面临巨大压力；最后，金融危机加大了中国的汇率风险和资本市场风险。总之，这次金融危机给我国经济带来了巨大负向冲击。再加上 2008 年开年时的百年一遇的冰雪灾害，以及 2008 年的汶川大地震，给我国经济发展造成了前所未有的困难，经济增速开始放缓。为了提振经济，应对一系列外生与内生冲击，中国加强了在财政政策与货币政策上的配合，出台了四万亿元人民币内需刺激计划，为稳定经济增长，做出了重要努力。但无论是各种外生冲击和内生冲击，还是政府的各种政策努力，综合作用下造成了 2008 年是我国的高经济不确定性时期。

（2）2009-2010 年。一场严重的金融危机席卷全球后，各主要经济体均遭到重创，各国纷纷推出极度宽松的货币政策以帮助经济尽早走出泥潭。各国相继出台宏观货币和财政政策以及巨额经济刺激计划，并取得显著成效。新兴经济体率先走出衰退，领跑全球经济复苏。受危机冲击最严重的欧元区探底回升，深度低迷的日本，也已触底。纵观 2009-2010 年，全球金融震荡，石油与黄金以及其他大宗商品价格震荡走高，尤其是被经济学家凯恩斯誉为"最后的卫兵"的黄金，不断创出价格新高，创造了 2002 年以来的一轮黄金牛市新纪录。伴随着全球经济的复苏，贸易保护主义也开始抬头。2009-2010 年欧洲经济严重衰退。此外，美联储于 2010 年推出第二轮量宽松货币政策，期望通过购买国债刺激美国经济复苏。美联储新货币政策的抛出，立刻引来市场的一片波澜。2009-2010年对于中国来说也是个不平凡的时期。中国在国际货币基金组织的投票权有了显著提升，处于世界第三的地位。同时，为应对金融危机的冲击，以及国内重大自然灾害的不利影响，中国毅然顶住了压力，保持住了经济的稳定增长。经济增长保持了稳定增长趋势，但经济结构性矛盾凸显，基于2008年四万亿的刺激计划，通胀压力不断增加，CPI呈上升趋势，阶段性突破3%，其中，食品价格上涨迅速，阶段性突破7%。为了应对美国的第二次量化宽松，大量资金可能流向新兴经济体的问题，我国中央银行于2010年先后2次提高了存贷基准利率，以及6次提升了准备金率，同时对汇率机制也进行了更进一步改革。

（3）2015年，欧洲央行实行全面量化宽松政策，《亚洲基础设施投资银行协定》签署生效。金砖国家新开发银行在上海正式开业，成为金砖国家与发展中国家经济金融合作的新平台。大宗商品价格持续走低，原油基准价更是跌至11年来最低水平。发达经济体复苏仍然乏力，新经济体发展不稳定，全球经济发展处于不平衡与深度调整中。2014年下半年之后，我国经济开始逐步进入"L"型发展的新常态阶段，经济下行压力不断增大。在货币政策的刺激下，我国股市一路高歌猛进，从2014年的3000多点一路涨到2015年的5178点。与股市形成鲜明对比的是实体经济的疲软与下行状态，为了引导资金脱虚向实，证监会及时出手进行了监管。

（4）2016年，英国脱欧，飞出了让全世界茫然无措的"黑天鹅"。特朗普当选美国总统，全世界市场瞬时宕机。自2015年12月美国加息以来，导致2016年全球货币收紧、利率上升，与其对应的股票、石油、黄金等处于暴跌模式，石油下跌到26美元，这是自到达130美元后的不断下跌中的最低点。大宗商品的核心指标：波罗的海指数，更是低的一塌糊涂。日本进入了负利率时代，这成为人类历史上4000年一次的负利率。中国经济已经进入新常态，增速放缓，由高速增长步入中低速增长模式。中国股票市场经历数次大涨大跌，2016年中国政府也开启了史上最为严厉的房地产限购政策。

（5）2018-2019 年。美国与中国开打"贸易战"，贸易摩擦不断升级，是世界经济发展影响最大的不确定性因素，两国之间的关税对抗首先对全球需求产生负面影响。美联储的货币政策也给世界经济造成了额外压力。美联储在 2018-2019 年期间七次加息，将基准利率不断上调，导致美国国债收益率上升，并引发新兴市场的资本外流。原油价格大起大落，布伦特原油价格在最近四年里首次超过每桶 87 美元。反欧盟情绪与日俱增的同时，欧盟地区开始呈现经济增长放缓的迹象。美俄退出《中导条约》，国际军控体系受到挑战。英国"脱欧"进程一波三折，欧洲一体化进程面临巨大冲击。非洲大陆自由贸易区成立，非洲经济发展迎来新机遇。在 2018-2019 年期间，世界经济增长放缓，中国经济稳健前进贡献率居首。中国经济在稳健增长的过程中，也存在很多忧患。2018 年，中国股市持续下跌，从年初最高 3587 点跌到 10 月下旬最低 2449 点，跌幅超过 1100 点，市值蒸发近 40 万亿元，投资者人均亏损高达 14 万元。2019 年受非洲猪瘟疫情影响，猪肉市场供给偏紧。食品价格上涨尤其是猪肉价格上涨，推动 CPI 一度走高至 4.5%。此外，中国经济的结构性矛盾仍然没有解决，僵尸企业"僵而不死"，导致市场很难出清，其他企业融资难、融资贵等问题得不到有效解决，逐渐成为经济发展的桎梏。

（二）中国经济不确定性的主要特点

图 2-1 可以看出，本书借鉴 Jurado et al.（2015）方法构建的中国经济不确定性指数，其形态基本呈现以下两大特点：

1. 逆周期性。经济不确定性水平往往与实际经济发展状况呈现反向表现，即具有一定的逆周期性特征。当经济发展缓慢或处于萧条时期，不确定性往往呈现增长态势，而在经济发展平稳或处于繁荣时期，往往伴随的是不确定性水平的较低时期。例如，Stock&Watson（2012）通过研究发现，在宏观层面，所有经济不确定性指数都呈现出了逆周期性特征。Bloom et al.（2007）研究发现，在经济衰退期，总产出的离差增长会提升近 2 倍。Jurado et al.（2015）发现，不确定性具有强逆周期性和极强的持续性，这些特征可以合理地解释历史上各大经济衰退期表现出的持续失业现象。然而，Bloom et al.（2007）还发现，微观层面的经济不确定性也是反周期的，在衰退期间，尤其是在2007年至2009年的大萧条期间，不确定性水平急剧上升。Bloom et al.（2014）通过分析一些微观层面的企业与行业数据，包括收益率、要素生产率与专业人员的预测偏差等发现，经济不确定性与实际经济波动呈负相关关系。Bachmann et al.（2013）基于对德国与美国等商业公司的调查数据进行实证研究后发现，专业预测者之间的预测前差异和预测后误差都是反周期的。通过对以上文献的分析，本书认为造成这种逆周期性特征的主要可能原因在于，在经济不确定性水平较低时，人们对于宏观经济波动与微观经济行为变动的预期与判断较为明确，有利于人们组织生产，扩大投资等行为，从而推动经济繁荣与发展。相反，在高经济不确定性时期，例如因战争的突然爆发而导致的经济剧烈波动，人们因缺乏长期的经验与认知，对经济乃至未来的预期充满不确定性，出于趋利避害的本能，必然采取延缓或者停止投资减少消费等行为，从而导致经济产出下降，经济发展缓慢，甚至逐步迈入危机行列。而图2-1所描述的我国经济不确定性处于高峰时期往往对应着是我国经济遭遇重大冲击，经济发展放缓时期。而当经济不确定性趋缓，从峰值下降的过程中，反而是我国经济向好的时期，因此，本书所构建的中国经济不确定性指数，同实际经济活动相比，存在一定的负相关性关系，具有逆周期性的特征。

2. 影响的持久性。经济不确定性既来自于外部冲击也来自于经济波动自身，还有一部分来自于政府政策的频繁变动而导致的人们对经济预期的不确定性。外生冲击不可避免会存在，经济波动也在时刻发生，而作为"看不见的手"的有力补充的政府，尤其是中国特色社会主义市场经济下的政府，对于经济的干预是不可或缺和必不可少的。因此，我国经济不确定性存在持久性的问题。此外，经济不确定性也在一定程度上反映了经济结构性问题。经济不确定性指数越高，说明经济结构性问题越严重，经济不确定性指数越低，说明经济发展越平稳良好。与一般冲击不同，经济结构性问题本身就具有一定的持久性，对经济政策调控的要求也更高，因此，部分源于经济结构性问题的经济不确定性也就必然存在持久效应的问题。

四、经济不确定性指数与其他不确定性指数的比较

不可预测性是不确定性的核心特征，因此，一般将宏观经济变量序列中的不可预测成分的条件波动率定义为该经济变量序列的不确定性。本书基于模型预测偏差，并利用大量的经济、金融时间序列数据，构建的经济不确定性指数，相较于股市波动率指数和离散率而言，其优势主要在于，该方法一方面剔除了经济运行过程中的可预测成分，突出了不确定性的核心特征；另一方面根据大量经济金融数据的不确定性成分合成的一个综合指标，有效地弥补了单一指标因所含信息量有限而存在的不足。此外，股市一直被看作是经济发展的晴雨表，一些学者认为直接采用 VIX 指数进行分析，将更加客观真实，如 Bloom（2009）将 VIX 指数作为经济不确定性的代理指标，分析了经济活动和不确定性之间的关系。因此，本书还将就经济不确定性指数与 VIX 指数作对比分析，以更好地展示本书所构建的经济不确定指数对宏观经济的有效拟合性。

（一）经济不确定性与经济政策不确定性的比较分析

Baker et al.（2016）提出基于报纸覆盖频率，测算出世界各主要国家和全球经济政策不确定性指数（EPU 指数），并进行定期发布与更新。通过其构建方法，不难看出，经济政策不确定性主要用来反映政府宏观政策的变化情况，但宏观政策变动并不等于宏观经济变动本身。基于设定特定关键词与搜索词，通过统计其频率来构建的经济政策不确定性指数，受构建者的主观偏好影响较大，且基于研究者的个人统计经验与知识结构的限制，可能导致所构建的指标与实际情况具有较大偏差。同时经济政策不确定性指数主要反映的是政策制定者对当前经济形势与经济状况所做的判断之后的政策应对，因此，其本身可能带有一定的主观色彩。

图 2-2 是我国经济不确定性与经济政策不确定性的趋势对比。从图 2-2 中可以看出，中国经济政策不确定性存在几个相对较高的时期：2009

年、2017 年上半年和 2019 年。且从图 2-2 中可以看出，经济政策不确定性相对于经济不确定性要明显滞后，很可能是政府根据经济不确定性状况做出的政策应对，所以经济政策不确定性很可能是经济不确定性的被动反应。此外，从图中还可以看出，在 2008 年的金融危机时期，我国的经济政策不确定性指数并不高，反而是到 2017 年才开始逐渐走高，这可能是政府逐渐意识到不确定性对经济发展的影响，开始适时调整政策，不断丰富政策工具，以应对不确定性冲击。因此，经济政策不确定性不能完全反应经济不确定性与宏观经济整体运行状况，不适合作为经济不确定性的直接代理指标进行相关分析。

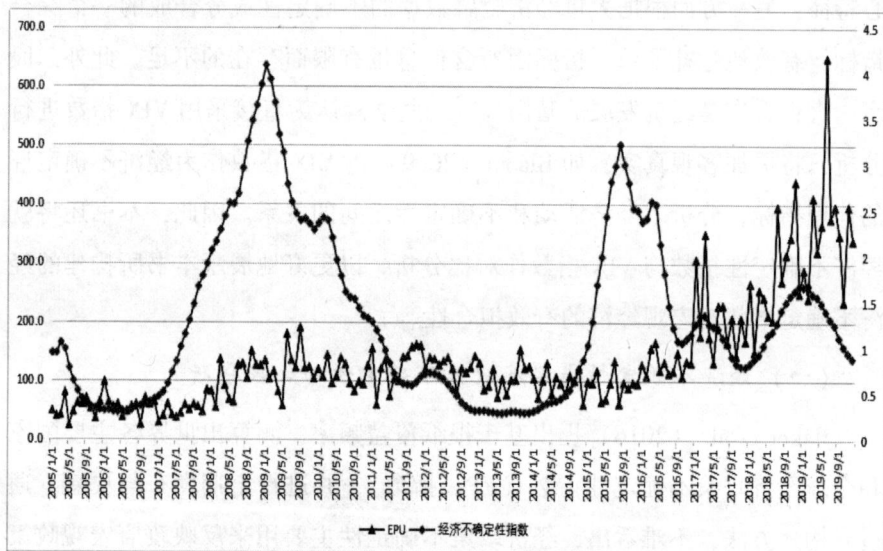

图 2-2　经济不确定性与经济政策不确定性的比较

资料来源：经济政策不确定性指数来源于 http：//www. policyuncertainty. com/

（二）经济不确定性指数与 VIX 指数的比较分析

股市一直被认为是一个国家经济的"晴雨表"，但只限于市场经济成熟或发达的国家，对于一些市场经济尚不够成熟的国家，股市对经济的预测作用并没有那么强。中国股市自 20 世纪成立发展至今，经历数次大起大落，尤其是最近的十余年，股市的总体成长与经济发展并不同步，且因个人投资者（俗称"散户"）居多，非理性投资行为容易使股市产生剧烈波动，无法担当经济"晴雨表"的大任。因此，一些学者将发达国家的股市波动率作为经济不确定性的代理指标进行研究，因其数据较为客观易得的优点，具有一定的合理性。但是，经济学研究不能直接照抄照搬，需要考虑本国经济情况，因地制宜地进行研究。因此，在以中国为首的发展中国家，不适合直接采用 VIX 指数代替经济不确定性指数研究发展中国家的宏观经济不确定性问题。图 2-3 显示的是我国经济不确定性指数与 VIX 指数变化趋势图。从图中我们可以发现，VIX 指数与经济不确定性指数的部分高点相一致，但也存在不一致的地方，如经济不确定性在 2015-2016 年期间呈现出仅次于 2008-2009 年的次高峰状态，但 VIX 在此期间却没有显示出相应的高峰状态，反而在 2011 年呈现出次高峰状态，但 EU 指数在此期间却处于低水平状态，因此，根据与实际经济状况对比可以发现，VIX 波动率对我国经济状况的拟合不够理想。

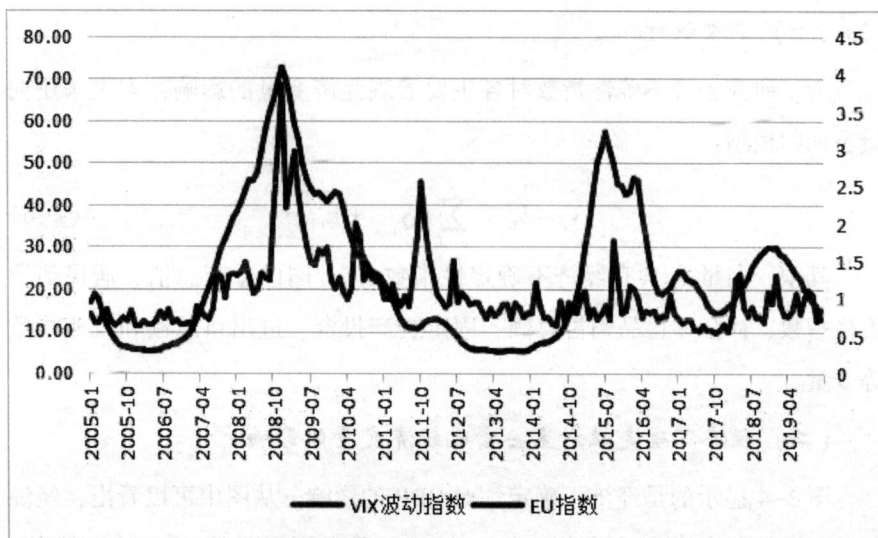

图 2-3 经济不确定性指数与 VIX 波动率指数的比较

综上所述，由于我国资本市场发展还不够完善，现代化经济发展水平还有待进一步提升，因此，股市波动率不能完全反应我国宏观经济的整体状况与经济不确定性状况。因此，本书构建的经济不确定性指数，相较于

VIX 指数与 EPU 指数，因其更加贴近实际经济状况，对我国的经济状况具有更加有效的拟合性。

五、经济不确定性对宏观经济的影响

从本书测算得出的经济不确定性指数来看，不确定性的上升过程，往往伴随的是经济的衰退过程，而不确定性降低或者是处于平稳阶段时，往往是经济繁荣或者是经济稳步运行的过程。且在高经济不确定性下，只有当经济结构性失衡程度减小，且逐步达到均衡状态时，经济活动才会复苏；或者通过一些结构性的改革措施，消除经济中的扭曲因素，才能实现全要素生产率的提升。因此，经济不确定性指数与经济活动之间应该呈逆周期性，或者说呈现负相关关系。为了检验本书所构建指数是否具有逆周期性，我们将采用向量自回归模型（VAR 模型），分析经济不确定性指数与各主要宏观经济变量之间的关系。

（一）模型设计

为了研究经济不确性指数对各主要宏观经济变量的影响，本书采用向量自回归模型：

$$y_t = b_0 + \sum_{p=1}^{p} b_p y_{t-p} + u_t \qquad (2\text{-}6)$$

其中，向量 y_t 含有经济不确定性指数 EU、国内生产总值、居民消费价格指数、社会零售品销售总额、固定资产投资、进出口总额和就业指数等变量。

（二）经济不确定性对主要宏观经济变量的影响

图 2-4 显示的是经济不确定性对 GDP 的影响。从图中可以看出，经济不确定性的一个标准差冲击，会导致 GDP 最大可下降约 0.22 个标准值，且影响时效到 20 期以上。GDP 在这里代表的总产出，这说明经济不确定性与总产出之间呈负相关关系，经济不确定性升高会导致总产出减少，同时还说明经济不确定性对 GDP 的影响时间较长。经济不确定性增加，会导致企业采取延缓投资与招聘等行为，导致投资减少，失业率上升，劳动供

给减少，总产出下降。

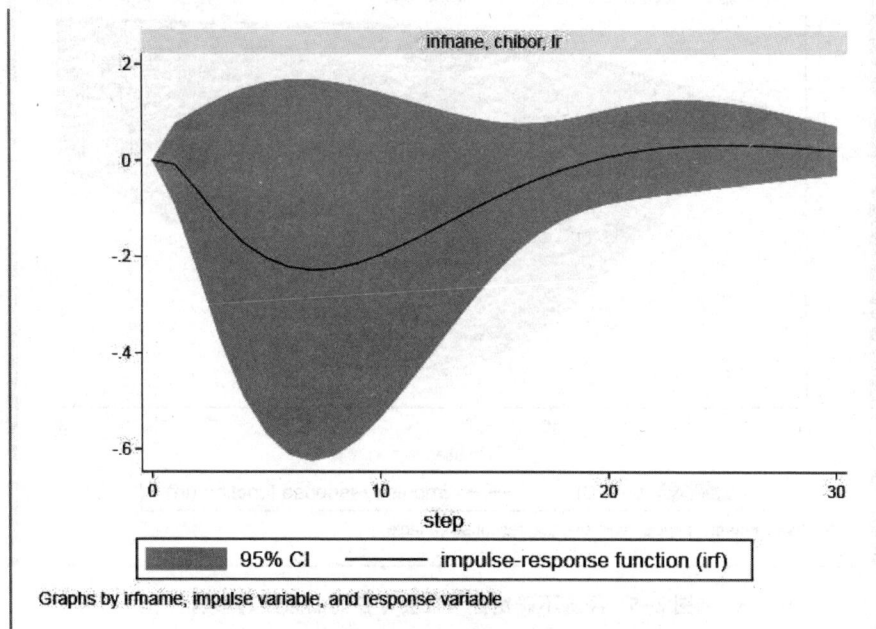

图 2-4　经济不确定性对 GDP 的影响

　　说明：输出结果中纵轴标度显示部分小数点前的 0 被省略了，如
".1"表示为"0.1"

　　图 2-5 显示的是经济不确定性对社会零售商品总额的影响，这里的社
会零售商品总额代表了总消费。从图中可以看出，经济不确定性的一个标
准差冲击会导致总消费最多可降低约 0.85 个标准值，且经济不确定性对总
消费的影响周期达 30 期以上。这说明经济不确定性与总消费之间也是负相
关关系。经济不确定性水平升高，会导致预防储蓄效应的发生，人们为了
应对因经济不确定性可能导致的收入不确定性增加，以及消费不确定性的
增加，会有意识地减少当前消费，增加储蓄，并引起一系列连锁反应，导
致有效需求不足，经济活力不足，最终总消费下降。

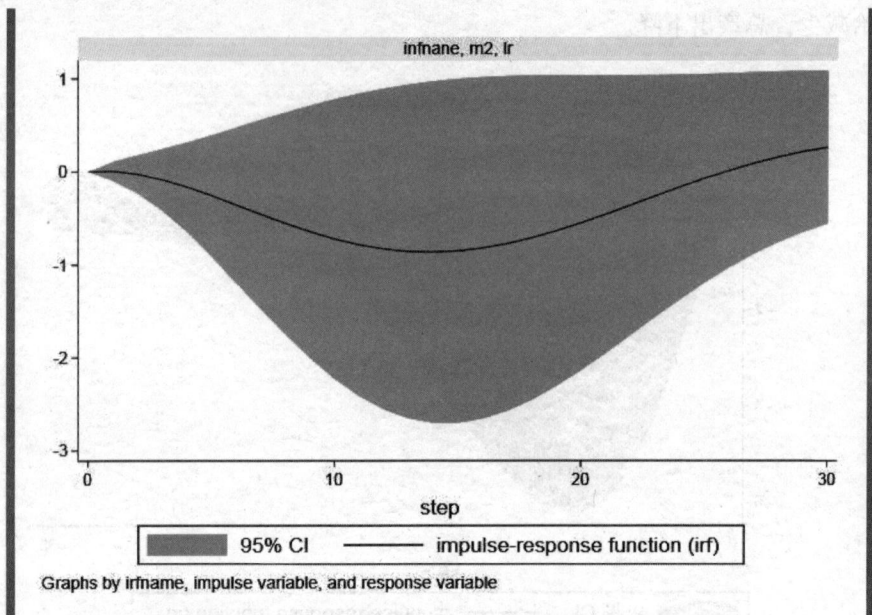

图 2-5　经济不确定性对社会零售商品总额的影响

说明：输出结果中纵轴标度显示部分小数点前的 0 被省略了，如".1"表示为"0.1"

图 2-6 显示的是经济不确定性对 CPI 的影响。这里的 CPI 是居民物价指数，代表了通货膨胀率水平。从图中可以看出，经济不确定性与 CPI 指数同样呈负相关关系。经济不确定性一个标准差冲击，可导致 CPI 指数最大下降 0.1 个单位。这说明经济不确定性上升，会导致物价指数下降，通货膨胀率降低。同时，从图 2-6 中可以看出，CPI 对经济不确定性冲击的反应很灵敏，但时效较 GDP 与总消费要短得多，一般影响在 7 期左右逐渐消失。可能的原因在于，经济不确定性水平升高，会导致企业延缓投资与招聘行为，导致失业率增加，消费者的收入不确定性升高，消费不确定性也增加，消费者会选择减少消费，导致市场上商品供给相对增加，物价指数下降。当然，经济不确定性对 CPI 的这种负向冲击影响时间较短，影响程度也不大。

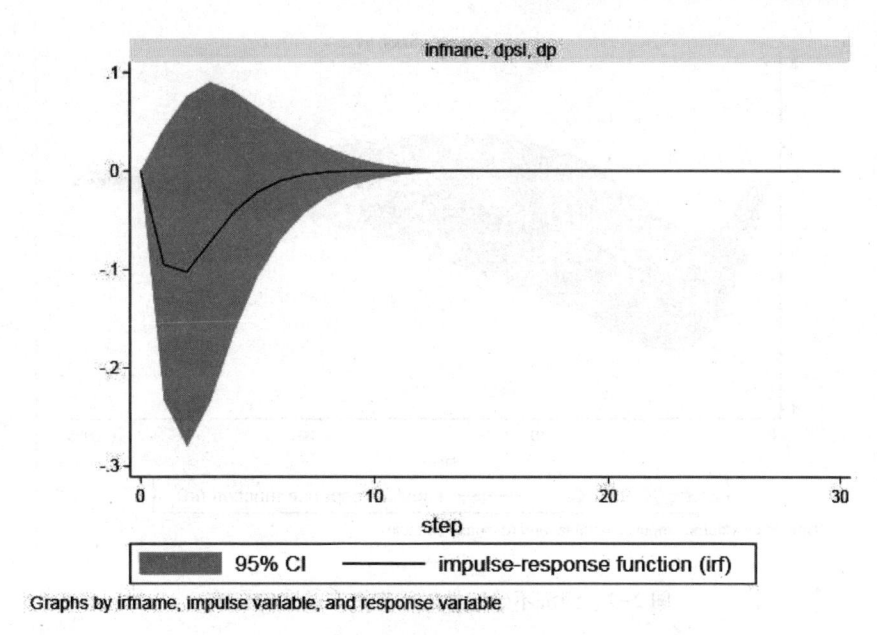

图 2-6　经济不确定性对 CPI 的影响

说明：输出结果中纵轴标度显示部分小数点前的 0 被省略了，如 ".1" 表示为 "0.1"

图 2-7 显示的是经济不确定性对固定资产投资的影响。从图中可以明显看出，经济不确定性增加会导致固定资产投资下降，并于第 4 期达到最大下降值-0.5 左右。这里的固定资产投资代表了社会总投资，因此，经济不确定性水平上升会导致社会总投资下降。主要原因在于，经济不确定性增加，会对企业与投资者的预期造成重大困扰，因无法有效预期未来经济走势，企业与投资者会越发谨慎行事，减少或延缓投资决策，导致在一段时间内，社会总投资下降，从图 2-7 中可以看出，这个影响大约为 20 期左右。

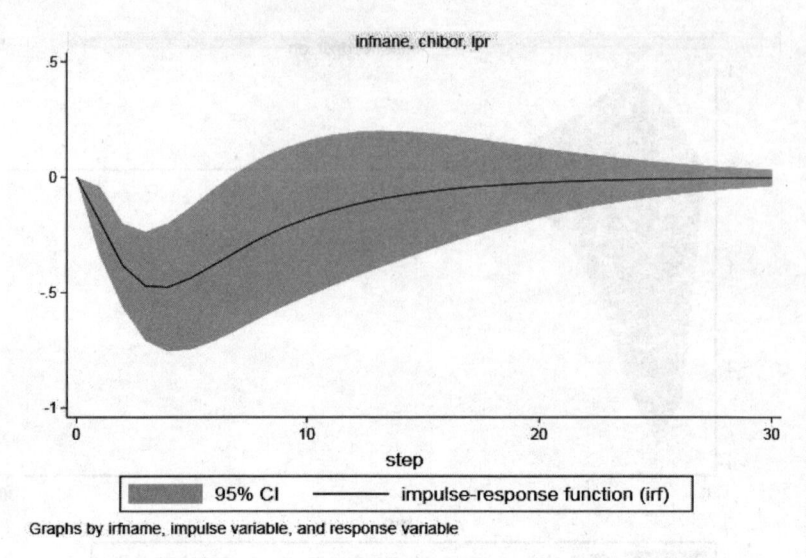

图 2-7 经济不确定性对固定资产投资的影响

说明：输出结果中纵轴标度显示部分小数点前的 0 被省略了，如".1"表示为"0.1"

图 2-8 显示的是经济不确定性对就业的影响。从图中可以看出，经济不确定性对就业的影响也是负面的。当不确定性水平升高时，就业率下降，于第 3 期达到最大降幅值-0.24，于第 5 期左右影响归零。经济不确定性导致就业率下降的主要原因在于，经济不确定性会导致企业延缓投资甚至是缩减投资，减少招聘行为。还有诸如小微企业、个体工商户等自由职业者，在遭遇经济不确定性时，企业抗风险能力差，大批小微企业与个人工商户等倒闭，失业率上升，就业率降低。例如，新冠病毒肆虐，导致不少中小型餐饮企业倒闭，员工失业。但从图中我们也可以看出，经济不确定性对就业率的负向冲击影响时效并不长，大约在 5 期左右就失效了，这可能跟我国当前经济发展依然稳健，经济增长依然强劲有关。也就是说，就业率即便会遭受不确定性冲击，但能够很快得到修复，主要得力于我国强劲的经济增长能力所创造的广阔就业天地。

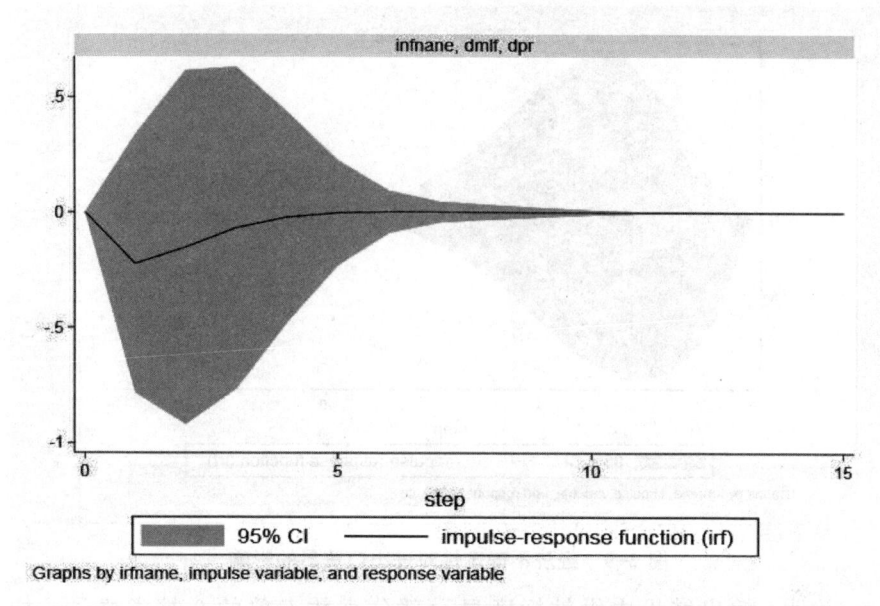

图 2-8　经济不确定性对就业的影响

说明：输出结果中纵轴标度显示部分小数点前的 0 被省略了，如
".1"表示为"0.1"。

图 2-9 显示的经济不确定性对我国进出口贸易额的影响。从图中可以
看出，经济不确定性的一个标准差冲击会导致我国进出口总额最大可下降
0.26 个单位。经济不确定性水平增加，不仅会影响固定资产投资，也会影
响企业贸易额。例如，因中国与美国在全球竞争越发激烈，中美之间的贸
易摩擦不断，不确定性水平近年呈不断上升趋势，2008 年的金融危机，给
我国进出口贸易造成很大影响，尤其是出口总额，明显下降。从图中还可
以看出，经济不确定性对进出口贸易影响的时效并不长，大约在 4 期左右，
影响归零。这可能跟我国近年来大力推进共建"一带一路"有关，尽可能
降低某一个国家造成的外生冲击对我国进出口贸易的影响，同时也可能跟
我国近年来大力促进内需，进行内外双循环的发展模式有关，从而使经济
不确定性对我国进出口贸易的不利冲击影响有限。

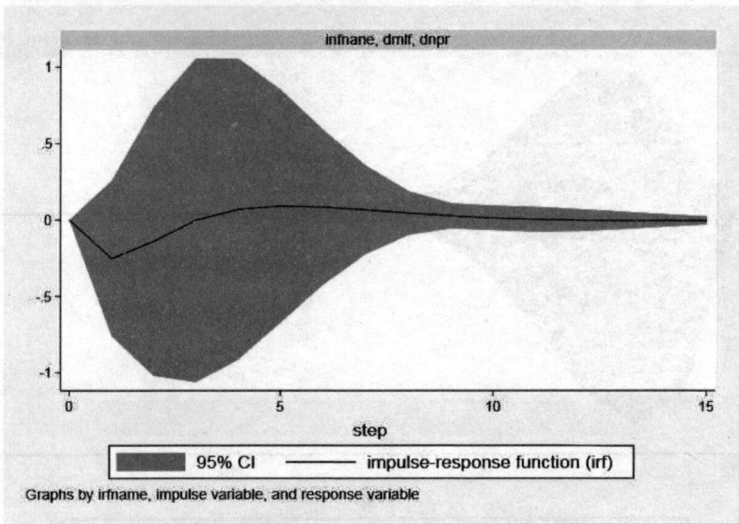

图 2-9 经济不确定性对进出口贸易的影响

说明：输出结果中纵轴标度显示部分小数点前的 0 被省略了，如".1"表示为"0.1"。

总之，通过实证分析经济不确定性对诸如产出、消费、投资、通货膨胀水平、就业以及进出口等宏观经济变量的影响，我们可以发现，经济不确定性与宏观经济变量在不同程度上均呈负相关关系。其中，经济不确定性对产出与消费的影响时效最长，影响程度最大，对进出口贸易与就业的影响时效最短，程度最轻。一方面说明本书所构建的经济不确定性指数确实呈现了逆周期性特征，另一方面也说明了，我国经济发展依然强劲有力，经济纠错能力较强等，所以才导致进出口贸易与就业受经济不确定性的影响有限。

本章小结

研究经济不确定性，对于合理配置家庭资产，优化企业投资，提升政府政策调控效率以及预警金融与经济危机等，都具有重要的理论与现实意义。由于不能直接观测经济不确定性，因此对其进行测度，是基于其相关研究的基础。学者们对于经济的理解不同，对不确定性指数的测度方法也不同。已有研究对于不确定性的定义可被归纳为四种，而本书主要采用了Jurado et al.（2015）对于经济不确定性的定义——经济不确定性就是行为人对当前或未来经济状况不确定程度的一种状态。基于此定义，本书借鉴Jurado et al.（2015）关于经济不确定性的测量方法，首先，选取2005-2019年的54个宏观经济与金融指标，再通过混频算法将季度GDP数据、第一产业、第二产业和第三产业产出数据转换成月度数据，再基于FAVAR模型和通过MCMC模拟方法，测算出中国经济不确定性指数。同时，通过将所测度的经济不确定性指数与经济政策不确定性指数、VIX指数进行对比分析。最后，通过实证分析经济不确定性对我国宏观经济变量的影响，来实证检验本书所构建的经济不确定性指数是否具有逆周期性。

通过研究发现：其一，我国在2005年1月至2019年12月期间，共经历了两次经济高不确定性时期，一次是2008年期间，另一次是2015年期间。此外，还有经济不确定性的次高峰与小高峰时期，分别是在2009-2010年，2016年，以及2018-2019年。这些峰值时期，基本上都对应着我国发生重大的经济与金融事件时期。除这些时期之外，都是经济不确定性的正常时期或者说是低经济不确定性时期，基本对应着我国经济运行较为平稳的时期。其二，EPU指数是对政府的政策不确定性的拟合，因存在时间的滞后性，与指标选取的主观性，以及代表的是政策不确定性等问题，因此，不适合作为经济不确定性的代理指标进行相关研究与分析。其三，VIX因是发达国家成熟资本的产物，因此，其不是以中国为首的发展中国家的经济"晴雨表"，其波动水平不能有效反应我国真实的经济发展水平，因此，VIX波动指数同样不适合作为在以中国为首的发展中国家的经济不确定性代理指标，来进行相关分析。而通过借鉴Jurado et al.（2015）的方法，测算得出的中国经济不确定性指数，能够有效地拟合我国的经济发展状况与不确定性水平。其四，通过研究发现，经济不确定性指数与诸如产出、消费、投资、进出口乃至就业等宏观经济变量均表现为负相关关系，从实证角度证明了本书所构建的经济不确定性指数具有逆周期性，能较好地拟合我国经济不确定性状况。

第三章

经济不确定性对房地产价格的非线性影响

　　通过前文研究我们发现，经济不确定性会影响社会经济的方方面面，因此，从宏观上来看，作为我国重要经济部门的房地产业，必然也会受到经济波动与不确定性的影响。此外，房地产业上下游涉及几十个行业，各行业均会受宏观经济运行的影响，必然也会把不确定性传导给房地产市场；最后，作为房地产市场本身，行业自身的运行与出清以及与整个市场经济的协动，也会导致房地产市场产生波动。对于中国而言，因房地产业的特殊发展路径，以及因购房者、房地产开发企业、政府、银行等部门间特殊的联动关系，必然导致我国房地产市场受到的经济不确定性冲击将十分显著。

　　然而，经济不确定性增加必然导致经济波动的复杂性增加，从而给我国房地产宏观调控带来很大困难。为此，2020 年 12 月中旬召开的中共中央政治局会议明确指出，不将房地产作为我国经济发展的短期刺激手段，同时要促进房地产市场的平稳健康发展，注意调控房价，防止房地产价格出现大涨大落对经济波动造成较大影响。也鼓励各地方因地制宜地采取相应调控措施，稳定本地房地产的健康发展。此次会议突出了一个"稳"字，重点强调了房地产的价格稳定在不确定环境下对我国宏观经济健康运行的重要意义。因此，开展针对房地产价格的不确定性研究，把握不确定性下的房地产价格的发展规律，是我国经济发展提出的一个紧要问题。

为此，本书通过构建以经济不确定性指数为门限值的动态门限模型来讨论经济不确定性与房地产价格之间的关系，实证检验经济不确定性对房地产价格的非线性影响。

第一节　理论研究与研究假设

一、理论研究

自 2008 年经济大萧条之后，越来越多的研究开始将住房与经济不确定性指标联系起来。国际方面，如 Miles（2009）认为，从理论上讲，不确定性的增加会降低住房投资行为，从实证角度，其通过采用均值模型中的广义自回归条件异方差方法也表明，不确定性会对住房开工产生负面影响。Sum & Brown（2012）以美国房地产投资信托基金（REIT）为代理，考察了经济政策不确定性（EPU）对房地产行业绩效的影响，结论认为：REIT 收益与 EPU 之间的关系不明显。Ajmi et al.（2014）研究了不确定性的宏观经济效应对美国上市房地产投资信托基金（REIT）波动性的影响，研究表明：房地产与宏观经济环境之间存在因果关系，REIT 波动性与经济不确定性之间存在双向传导通道。Antonakakis et al.（2015、2016）主要考察了美国房地产市场、股票市场和经济政策不确定性（EPU）之间的动态溢出效应。其研究结果表明：各类冲击对美国经济波动产生很大影响，且溢出效应随时间变化很大。Elmon & Tasser et al.（2016）以加拿大、法国、德国、意大利、西班牙、英国和美国等 7 个发达国家为研究对象，实证分析了政策不确定性与房价之间的因果关系。结果表明，实际房价与政策不确定性之间存在双向因果关系，未来经济基本面和政策不确定性增加了房价波动，进而可能放大金融和商业周期。Andréet et al.（2017）基于经济政策不确定性（EPU）的度量，来判断是否有助于预测实际住房收益。其研究发现，经济政策的不确定性既影响实际住房收益，也影响其波动性。Christou et al.（2017）也基于经济政策不确定性指数（EPU），判断其是否有助于预测10个经济合作与发展组织国家的实际住房收益。其研究发现，不论预测模型如何，EPU都能有效地预测实际住房收益。Strobel et al.（2017）认为房地产市场在高度不确定性时期，存在实物期权效应。Aye & Gupta（2018）考察了经济不确定性对12个经合组织国家房地产市场在繁荣、萧条和正常时期的持续溢出效应。其研究发现，住房投资可以作为抵御不确定性的可能手段。Christidou & Fountas（2018）使用了经济政策不确定性指数（EPU）作为衡量不确定性的替代指标，对美国48个州组的房地产投资进行研究发现，在大多数州，不确定性的增加倾向于使住房投资增长，并有助于降低房价通胀。Christina et al.（2019）采用TVP-FAVAR模型，实证研究了经济不确定性冲击对美国房地产市场变量的影响，其研究表明：从长期来看，不确定性冲击对所有住房变量均产生负面影响，尤其对住房价格、许可证和开工率的影响更大。国内方面，经济不确定性与房地产市场的研究，大多数基于经济政策不确定性视角来进行。如张浩等（2015）利用EPU指数，实证分析了不同EPU水平下宏观变量冲击对于房价波动具有明显的非对称性冲击影响。胡国庆（2017）在以经济政策不确定性指数为门限，研究了汇率预期对房价波动的传导作用。刘金全等（2018）认为经济政策不确定性会对房地产价格产生明显的溢出效应。赵奉军等（2019）认为，经济政策不确定性在短期会抑制房地产投资，但在长期，会促进房地产投资的发展。胡成春等（2020）经过实证研究表明，我国经济政策不确定性对宏观经济、不同区域经济、资产价格与房地产市场等均存在非对称影响。以上就是自2008年以来中外学者就经济不确定性对房地产市场影响的主要研究成果。从已有研究来看，其呈现如下特点：一是，经济不确定性对房地产市场的影响研究，目前文献还较少，尤其是国内研究部分，且角度也较单一，多数从房地产投资的角度进行分析；二是，大多数研究采用经济政策不确定性指数（EPU）作为经济不确定性的代理指标进行分析，存在较大局限性，经济政策不确定性不等于经济不确定性。

因此，本书在测度了我国经济不确定性指数的基础上，通过构建动态面板门限模型，检验了经济不确定性对房地产价格的影响及其作用机制。研究结果发现，经济不确定性对房地产价格存在一个显著门限效应的非线性影响，在门限值以下，不确定性对商品房价格具有显著的负向影响；在门限值以上，不确定性对商品房价格具有显著的正向影响。本书可能的边际贡献在于：第一，本书构建了经济不确定性指数，并作为代理变量来分析经济不确定性对房地产价格的影响。区别于已有文献主要以经济政策不确定性指数进行的分析，使得相关研究更加接近真实情况。第二，区别于一般静态研究，基于70个大中城市数据构建的动态面板门限模型，更能揭示经济不确定性对房地产价格的非线性动态影响过程，能够更好地为政府提供政策制定的依据与参考。

二、研究假设

基于理性预期理论与经典储蓄理论，以及前文关于不确定性的传导效应分析等都表明，不确定性增加会使企业在当期延缓或者是停止投资行为，而家庭为了应对不确定性冲击，也倾向于增加预防性储蓄并减少消费。由于房屋同时具有消费居住属性和投资不可逆性，所以在经济运行较为平稳时，居民和企业基于充分信息的考量，能更为合理地分配消费、投资与储蓄行为，因而，对于房地产的投资消费会较为理性。但当经济遭遇"黑天鹅"，不确定性开始上升时，将逐渐打乱人们对经济形势的预判，人们的投资消费行为将变得越来越谨慎，房地产投资和消费的短期需求将被抑制。当经济继续遭受更大"黑天鹅"甚至是"灰犀牛"的冲击时（如新冠病毒对于全球经济的冲击），人们对经济形势的预判将变得更加困难与缺乏信心，但基于历史经验，房地产因其具有的较高确定性——不仅可以自住，还具有一定的保值功能，成为为数不多的抵御风险与损失的投资良品之一，从而导致在高经济不确定性下，消费者对房地产需求的不断增加。此外，由于巨大外生冲击导致的高经济不确定性，使得房地产企业变得更加谨慎，房屋供给将受到进一步抑制。因此，在高经济不确定性下，受制于需求与供给的共同影响，房地产价格将呈逐渐上涨趋势。基于上述分析，本书提出以下研究假设：

经济不确定性对房地产价格会产生非线性影响。

第二节　研究设计

一、数据来源与样本选择

本书构建模型中所包含的主要变量有：经济不确定性指数、房地产价格、货币供给量、国民生产总值、消费者价格指数、生产价格指数、消费者信心指数、财政收入、购置土地面积、购置土地费用、房地产投资和房地产信贷规模等。经济不确定性指数是参考 Jurado et al.（2015）对不确定性指数的构建方法，测算得出，记为 EU。对于房地产价格，本书选用 70 个大中城市二手住宅价格指数当月同比数据来衡量，记为 PR。货币供给量选用 M2 期末同比增速来衡量，记为 M2。GDP 通过混频 EP 算法，将季度数据转化为月度同比数据。信贷规模选用房地产投资资金来源中的国内贷款部分的同比数据来衡量，记为 CREDIT。财政收入和财政支出直接采用各大中城市的实际财政收入和财政支出数据，取对数，记 CZSR 和 CZZC。其余数据均采用当月同比数据，其中购置土地面积和购置土地费用，采用各城市数据的当月同比数据，分别记为 la 和 lp。由于 70 个大中城市二手住宅价格指数发布的时间较晚，本书的样本区间设定为 2011 年 1 月至 2019 年 12 月。总体为非平衡面板数据，所有数据均来自 wind 数据库。部分缺失数据通过对本书关键指标进行前后 1% 的缩尾处理而得出。

二、主要变量定义与描述性统计

（一）被解释变量

房地产价格（Pr）。对于房地产价格，本书参照刘金全与陈德凯（2017）的作法，选取 70 个大中城市二手房交易价格指数当月同比数据来衡量，记为 Pr。

（二）解释变量

1. 经济不确定性指数（eu）。本书参考 Jurado et al（2015）对不确定性指数的构建方法，测算出我国经济不确定性指数。具体过程在本书的第二章已有表述，此处不再赘述。

（三）控制变量

影响房地产市场价格的因素很多，本书同时选取货币供给量（M2）、国民生产总值（gdp）、消费者价格指数（cpi）、生产价格指数（ppi）、财政收入（czsr）、消费者信心指数（cci）、国房景气指数（fpi）、购置土地面积（la）、购置土地费用（lp）、房地产投资（finy）、房地产信贷规模（loan）等作为控制变量。

（四）主要变量描述性统计

表 3-1 给出了本章主要变量的描述性统计信息。二手房价格均值为102.574，标准差为 6.74205。经济不确定性指数均值为 1.044481，标准差为 0.604762。可见，样本区间内，经济不确定性指数波动性较大。

表 3-1　主要变量描述性统计

变量	样本数	均值	标准差	最小值	最大值
Pr	7，560	102.574	6.74205	82.8	160.5
eu	7，560	1.044481	0.604762	0.373949	2.778825
m2	7，560	14.13451	3.167385	9.2	25.98
gdp	7，560	2.672967	1.363897	0.76	6.45

变量	样本数	均值	标准差	最小值	最大值
cpi	7,560	102.7685	2.299026	100.4	108.1
ppi	7,560	0.3690973	4.284047	−11.6	15.8
czsr	7,560	14.47121	11.39071	−33	77.8
cci	7,560	104.5196	3.78959	97	114.6
Fpi	7,560	98.37352	3.719562	92.43	105.89
La	7,560	25.81749	138.475	−114.5	3300.8
lp	7,560	44.57988	120.4373	−112.8	1292.5
finv	7,560	21.25948	28.31116	−47.3	557.5
loan	7,560	12.02418	13.6756	−11.5	48

三、模型构建

本部分主要讨论的是经济不确定性对我国房地产价格的影响。本书参考了 Hanson（2004）的做法，构建了经济不确定性指数与房地产价格的动态门限模型，具体形式如下：

$$pr_{i,t} = \gamma + a_1 pr_{i,t-1} + \beta_1 eu_t \cdot I(eu_t < \lambda) + \beta_2 eu_t \cdot I(eu_t \geq \lambda) +$$
$$\beta_3 m_2 + \beta_4 gdp + \beta_5 cpi + \beta_6 ppi + \beta_7 czsr + \beta_8 cci +$$
$$\beta_9 fpi + \beta_{10} la + \beta_{11} lp + \beta_{12} finv + \beta_{13} loan + u_{it} + \varepsilon_{it} \qquad (3-1)$$

模型（3-1）考察了经济不确定性和房地产价格的相关性。其中，i 为个体，t 为时期，ε_{it} 为个体效应，u_{it} 为随机扰动项。本书引入被解释变量的滞后期 $pr_{i,t-1}$ 来构建动态门限模型。其中，W_t 为门限示性函数，$y_{t+1} = \beta' W_t + \varepsilon_{t+1}$ 为门限变量，$y_{jt+1} = \varphi_j^y(L) y_t + \gamma_j^F(L) F_t + \gamma_j^W(L) W_t + v_{jt+1}^y$ 为门限值。本模型中的门限变量为经济不确定性指数（eu_t）。

为避免伪回归现象，本书首先对数据进行 ADF 单位根检验，具体如表 3-2 所示。结果表明，除 gdp、cpi、ppi 和 cci 以外，其余数据均平稳。再将 gdp、cpi、ppi 和 cci 一阶差分后，也变为平稳数据，因此本书选取的所有数据均满足一阶单整。

表 3-2　平稳性检验结果

变量	p 值	一阶差分的 p 值
pr	0.001	
eu	0.000	
M2	0.000	
gdp	1.000	0.000
cpi	0.903	0.000
ppi	0.569	0.000
czsr	0.000	
cci	0.137	0.000
fpi	0.000	
la	0.000	
lp	0.000	
finv	0.000	
loan	0.000	

第三节　实证分析

一、经济不确定性对房地产价格影响的门限估计

本书使用测算的经济不确定性指数，实证检验经济不确定性对房地产价格的非线性影响。根据获得的经济不确定性门限值，参考 Kremer et al.（2016）的方法，将数据样本进行划分。为消除被解释变量滞后一期 $Y_{jt} = \Phi_j^Y Y_{jt-1} + V_{jt}^Y$ 所可能造成的内生性问题，使用 GMM 方法进行估计。

具体为，本书先根据前向正交离差变换法消除个体效应，即用观察值

减去自该观察值之后的所有观察值的平均值，可有效解决变换后误差项存在序列相关的问题。相关计算公式为：

$$\varepsilon_{it}^{*} = \sqrt{\frac{T-t}{T-t+1}} \bullet [\varepsilon_{it} - \frac{1}{T-t}(\varepsilon_{it+1} + \cdots + \varepsilon_{iT})] \tag{3-2}$$

考虑到计量模型中由于存在 $pr_{i,t-1}$ 而可能隐含的内生性问题，本书使用工具变量法，使用 $pr_{i,t-2}$ 以及 W_t 作为工具变量，并且以 $pr_{i,t-1}$ 为被解释变量，以两个工具变量及其他外生变量为解释变量进行面板估计，将估计得到的拟合值作为 $pr_{i,t-1}$ 的代理变量。随后，使用面板门限值估计法获得显著性的门限值，依据不同的门限值进行分组，并使用系统 GMM 法对相应的动态面板门槛参数进行估计，以消除纳入被解释变量滞后一期 $pr_{i,t-1}$ 所造成的内生性问题。

分别使用 Sargan 检验和 Arellano-Bond 检验，对模型工具变量过度识别以及二阶序列相关问题进行检验。Sargan 检验结果显示，GMM 模型不存在过度识别问题，Arellano-Bond 检验则表明模型残差项不存在二阶序列相关，模型的内生性得以克服。具体检验结果如表 3-3 所示。

表 3-3 经济不确定性对房地产价格影响的检验

	z 值	检验概率 p 值
Sargan 检验	19.34	1.000
AR（2）	1.74	0.125

表 3-4 汇报了经济不确定性对房价的动态面板门限估计结果。实证结果表明，经济不确定性对房地产价格存在非线性的影响。鉴于经济不确定性的模型只存在一个门限值，门限值为 0.929，因此，经济不确定性可被划分为两个区间，即低经济不确定性区间（eu<0.929）和高经济不确定性区间（eu≥0.929）。当经济不确定性较低时，经济不确定性（eu）与房地产价格在 5% 的置信水平下显著负相关，这表明，此时，随着经济不确定性的逐渐提高，经济不确定性对房地产价格产生负向影响。但当经济不确

定性上涨超过 0.929 时，经济不确定性（eu）与房地产价格在 1% 的置信水平下显著正相关，即经济不确定性增强会促进房价上涨。

这可能是因为，当经济不确定性处于较低水平时，由于逆周期性问题，此时的经济发展较为平稳，经济总体处于繁荣时期，投资旺盛，消费强劲。但随着一些突发事件的发生，导致经济不确定性开始上升，房地产开发企业出于谨慎投资的考虑，对于扩张投资，持越来越谨慎的态度，比如，对拿地竞拍积极性逐渐下降，并导致土拍溢价率不高等。房地产企业将等待经济趋势明朗，不确定性下降或者消失后，再追加投资，加大土拍力度，增加房地产开发与供给等。而房地产消费者在经济不确定性不断上升时，预期收入不确定性增加，消费不确定性也增加，此时，消费者会有降低消费，增加储蓄的动机，也就同时降低了对购房消费的需求。导致在低经济不确定性区间，房地产价格因购房需求减少而出现下降趋势。

但当经济不确定性越来越高，达到高不确定性区间时，经济不确定性会导致房地产价格上涨。可能的原因在于，高经济不确定性会导致更大的投资抑制性。即在高不确定性区间，房地产企业对经济预判严重缺乏信心与安全感，出于稳定与完全考虑，房地产企业会通过减少拿地规模，降低土拍溢价率等形式缩减投资规模，同时也会通过裁员降薪等形式，降低企业运行成本，这样必然导致房地产新增开发急剧下降，房地产供给不断降低。同时这种不利影响会传导至与房地产相关联的几十个行业，引致其他行业不确定性上升，失业率上升，消费减少，经济总产出下降。与此同时，消费者在前期被抑制的购房需求并没有消失，只是被延期释放。随着经济不确定性逐渐升高至高不确定性区间，消费者的收入与消费也同样遭遇高不确定性，但基于历史经验，为了更好地保存资产，消费者会通过降低非住房消费的形式缩减开支，以支持未来可能的更高的购房消费。前期被抑制的购房需求不但没有得到有效释放，消费者的购房需求还会有所增加，也就是说，在高经济不确定性区间，房地产供给不断减少，而房地产需求不但没有降低，反而有所增加，最终导致房地产价格在高不确定性区间呈不断上涨趋势。

表 3-4　经济不确定性对二手房价格影响的估计结果

变量	eu 门限值	
	eu<0.929	eu≥0.929
pr-1	0.929***	0.929***
	(6.70)	(6.70)
eu	−0.0912**	0.207***
	(−2.07)	(2.77)
M2	0.072**	
	(2.29)	
gdp	0.113***	
	(2.55)	
cpi	−0.037	
	(−1.04)	
ppi	0.014	
	(0.25)	
czsr	0.023*	
	(1.95)	
cci	−0.010***	
	(−2.23)	
fpi	0.049*	
	(1.68)	
la	0.001	
	(1.35)	
lp	0.001**	
	(1.06)	
finv	0.004	
	(0.66)	
loan	0.013*	
	(1.40)	

变量	eu 门限值	
	eu<0.929	eu≥0.929
cons	−0.011	
	(−0.58)	

注：（1）***表示 p<0.01，**表示 p<0.05，*表示 p<0.1；（2）系数估计值下方（　）为稳健标准误。

二、稳健性检验

为检验本模型的稳健性，本书使用新建住宅价格指数替换二手房价格指数，仍采用动态面板门限模型进行估计，具体估计结果如表 3-5 所示。将房价指标进行替换后，经济不确定性影响房价的门限效应仍然存在，这个门限值是 0.924。当经济不确定性指数小于 0.924 时，不确定性与新房价格呈负相关关系；当经济不确定性指数大于等于 0.924 时，不确定性与新房房价之间呈正相关关系。也就是说，经济不确定性对新房房价会产生非线性影响。稳健性检验结果与本章的主要回归结果一致，原结论仍然成立。

综上所述，依据我国房地产价格数据与测度出的经济不确定性指数构建的动态面板门限模型，有效检验了经济不确定性对我国房地产价格的非线性影响，即在低不确定性区间，随着经济不确定性的增加，对我国房地产价格产生负向影响；在高不确定性区间，随着经济不确定性的进一步提高，对我国房地产价格存在正向影响。主要原因在于经济不确定性会导致房地产投资抑制性与消费约束性的产生。房地产开发企业因对未来缺乏信心与稳定预期，会采取延缓投资的行为，导致房地产供给不断下降。房地产因其具有的较高确定性——不仅可以自住，还具有一定的保值功能，成为为数不多的抵御风险与损失的投资良品之一，因此，随着经济不确定性程度不断走高，消费者因收入与消费的高不确定性，出于资产保值的需求，会通过减少非住房消费的形式，增加对房地产的消费需求，最终在高经济不确定性区间，因供给减少与需求增加而导致房地产价格呈逐渐增长态势。因此，经济不确定性对于我国房地产价格的影响，需要结合不同不确定性水平，来进行详细分析与确定。

表 3-5　经济不确定性对新房房价影响的估计结果

变量	eu 门槛值	
	eu<0.924	eu≥0.924
pr$_{-1}$	0.829***	0.829***
	(6.70)	(6.70)
eu	−0.141**	0.051*
	(−1.38)	(1.06)
m2	0.077**	
	(2.37)	
gdp	0.089*	
	(1.10)	
cpi	−0.002	
	(−0.07)	
ppi	0.021	
	(0.59)	
czsr	0.015*	
	(1.95)	
cci	−0.010***	
	(−2.23)	
fpi	0.049*	
	(1.68)	
la	0.001	
	(1.35)	
lp	0.001**	
	(1.06)	

变量	eu 门槛值	
	eu<0.924	eu≥0.924
finv	0.004	
	(0.65)	
loan	0.012*	
	(1.40)	
cons	−0.021**	
	(−2.37)	

注：（1）*** 表示 p<0.01，** 表示 p<0.05，* 表示 p<0.1；（2）系数估计值下方（ ）为稳健标准误。

本章小结

基于理性预期理论与经典储蓄理论，以及经济不确定性的实物期权效应与预防储蓄效应等传导效应表明，经济不确定性增加会使企业在当期延缓或是停止投资行为，而家庭为了应对不确定性冲击，也倾向于增加预防性储蓄并减少消费。由于房屋同时具有消费居住属性和投资不可逆性，所以在经济运行较为平稳时，居民和企业基于充分信息的考量，能更为合理地分配消费、投资与储蓄行为，因而，对于房地产的投资消费会较为理性。但当经济遭遇"黑天鹅"，不确定性开始上升时，将逐渐打乱人们对经济形势的预判，其行为将越来越谨慎，房地产投资和消费的短期需求将被抑制。但当经济继续遭受更大不确定性冲击时（如新冠病毒对全球经济的冲击），人们对经济形势的预判将变得更加困难与缺乏信心，但基于历史经验，房地产因其具有的较高确定性——不仅可以自住，还具有一定的保值功能，成为为数不多的抵御风险与损失的投资良品之一，从而导致在高经济不确定性下,消费者对房地产需求会有所增加;此外,由于巨大外生冲击导致的高经济不确定性使得房地产企业变得更加谨慎,房屋供给将受到进一步抑制。因此,在高经济不确定性下,受制于需求与供给的共同影响,房地产价格将呈逐渐上涨趋势。

基于上述理论分析,本书进一步就经济不确定性对房地产价格的影响作了实证分析,结果表明,经济不确定性对房地产价格存在非线性影响。基于经济不确定性的模型只存在一个门限值,门限值为 0.929,经济不确定性可被划分为两个区间,即低经济不确定性区间(eu<0.929)和高经济不确定性区间(eu≥0.929)。当处于低经济不确定性区间时,经济不确定性(eu)与房地产价格在5%的置信水平下显著负相关,即表明,在低经济不确定性区间,随着不确定性指数的逐渐升高,经济不确定性对房地产价格会产生负向影响;但在高经济不确定性区间,即经济不确定性上涨超过 0.929 时,经济不确定性(eu)与房地产价格在1%的置信水平下,显著正相关,即经济不确定性的增强会促进房地产价格上涨。这可能是因为,当经济不确定性较低时,随着经济不确定性水平的上升,消费者和投资者由于对未来经济预期的不明朗,对房地产的需求会受到一定程度的抑制。但随着经济不确定性水平的不断升高,直至高经济不确定性区间,面对未来变幻莫测的宏观经济环境,房地产的投资属性变得越来越突出,其较好的保值功能成为高经济不确定性区间下的投资良品。因此,当经济不确定性过高时,房地产价格会随着经济不确定性的不断升高而上升。

第四章

经济不确定性对房地产价格影响的
区域异质性

2020 年 12 月召开的中共中央政治局会议明确指出，不将房地产作为我国经济发展的短期刺激手段，同时要促进房地产市场的平稳健康发展。注意调控房价，防止房地产价格出现大涨大落对经济波动造成较大影响。也鼓励各地方因地制宜地采取相应调控措施，稳定本地房地产的健康发展。此次会议突出了一个"稳"字，重点强调了房地产稳定发展以及因地制宜的调控，在不确定性下环境下对于我国宏观经济健康运行的重要意义。在经济不确定性下，如何更好地稳定房价，如何因地制宜地有效调控各大城市房价，首先需要了解经济不确定性对不同类型城市房地产价格的影响及其机理。Choudhry（2018）认为，从长期来看，经济不确定性会从需求和供给两方面影响房地产市场，因此，本书借鉴 Choudhry（2018）的做法，采用 2011 年 1 月至 2019 年 12 月 70 个大中城市[①]的面板数据，应用 PVAR 模型从需求和供给两个方面研究经济不确定性对房地产价格的影响。具体将我国大中城市划分为一线、二线和三线城市，来分类讨论经济不确定性对各大中城市房地产价格影响的异质性，并提出相应政策建议。

第一节　理论研究

对于不确定性的研究，其分水岭在 2008 年的金融危机时期。在此之前，主流经济学对随处可见的不确定性视而不见，2008 年之后经济不确定性才正式进入主流经济学视野，越来越多的研究开始探讨经济不确定性对宏观经济的影响与作用机理，这其中就包括了对房地产市场的研究。已有文献有的从经济不确定性对房地产投资的影响角度进行分析，例如 Miles（2009）认为，从理论上讲，不确定性的增加会降低住房投资行为。有的从不确定性与房地产之间的因果关系进行分析，例如 Ajmi et al.（2014）研究了不确定性的宏观经济效应对美国上市房地产投资信托基金（REIT）波动性的影响，研究表明：房地产与宏观经济环境之间存在因果关系，REIT 波动性与经济不确定性之间存在双向传导通道。Elmon & Tasser et al.（2016）以加拿大、法国、德国、意大利、西班牙、英国和美国等 7 个发达国家为研究对象，实证分析了政策不确定性与房价之间的因果关系。结

---

① 70 个大中城市分为：一线城市：北京、上海、广州和深圳共 4 个；准一线城市：成都、重庆、杭州、武汉、西安、天津、苏州、南京、郑州、长沙、东莞、沈阳、青岛、合肥、佛山共 15 个；二线城市：石家庄、呼和浩特、太原、大连、长春、哈尔滨、宁波、福州、厦门、南昌、济南、南宁、贵阳、昆明、兰州、银川共 16 个；三线城市：西宁、海口、乌鲁木齐、唐山、秦皇岛、包头、丹东、锦州、吉林、牡丹江、无锡、扬州、徐州、温州、金华、蚌埠、安庆、泉州、九江、赣州、烟台、济宁、洛阳、平顶山、宜昌、襄樊、岳阳、常德、惠州、湛江、韶关、桂林、北海、三亚、泸州、南充、遵义、大理等共 35 个。

果表明，实际房价与政策不确定性之间存在双向因果关系，未来经济基本面和政策不确定性增加了房价波动，进而可能放大金融和商业周期。有的从经济不确定性对房地产的溢出效应进行分析，如 Antonakakis et al.（2015、2016）主要考察了美国房地产市场、股票市场和经济政策不确定性（EPU）之间的动态溢出效应。其研究结果表明：各类冲击对美国经济波动产生很大影响，且溢出效应随时间变化很大。Aye & Gupta（2018）考察了经济不确定性对 12 个经合组织国家房地产市场在繁荣、萧条和正常时期的持续溢出效应。其研究发现，住房投资可以作为抵御不确定性的可能手段。有的从经济不确定性对房地产市场影响的区域异质性视角进行分析，例如 Christidou & Fountas（2018）使用了经济政策不确定性指数（EPU），对美国 48 个州组的房地产投资进行了深入研究后发现，不确定性冲击对各个州的房地产市场影响是不同的，但在大多数州，不确定性的增加倾向于使住房投资增长，并有助于降低房价通胀等。国内方面，经济不确定性与房地产市场的研究，大多基于经济政策不确定性视角来进行。如张浩等（2015）利用 EPU 指数，实证分析了不同 EPU 水平下宏观变量冲击对于房价波动具有明显的非对称性冲击影响。胡国庆（2017）在以经济政策不确定性指数为门限，研究了汇率预期对房价波动的传导作用。刘金全等（2018）认为经济政策不确定性会对房地产价格产生明显的溢出效应。赵奉军等（2019）认为，经济政策不确定性在短期会抑制房地产投资，但在长期，会促进房地产投资的发展。胡成春等（2020）经过实证研究表明，我国经济政策不确定性对宏观经济、不同区域经济、资产价格与房地产市场等均存在非对称影响。以上就是自 2008 年以来中外学者就经济不确定性对房地产市场影响的主要研究成果。从已有研究来看，其呈现如下特点：一是，经济不确定性对房地产市场的影响研究目前文献还较少，尤其是国内研究部分，且角度也较单一，多数从房地产投资的角度进行分析。而研究经济不确定性对于房地产价格影响的区域异质性，目前还很少见。二是，大多数研究采用经济政策不确定性指数（EPU）作为经济不确定性的代理指标来进行分析，存在较大局限性，经济政策不确定性不等于经济不确定性。

上一章，笔者分析了经济不确定性对房地产价格的非线性影响，这一章将从经济不确定性影响房价的区域异质性角度进行分析。首先，从已有文献来看，一些学者已经就不确定性对房地产市场整体的影响存在区域异质性进行了论述，如 Christidou & Fountas（2018）和胡成春等（2020），为本书的研究奠定了部分理论基础。因此，本书大胆假设，经济不确定性对我国 70 个大中城市房地产价格的影响，也存在区域异质性问题。基本原理在于，中国地大物博，从地理区位上来看，从南到北，从西到东横跨逾5000 公里。各地风土人情、人口结构、经济结构、经济发展水平等均存在较大差异，就人均收入来说，我国一线城市已经迈入中等发达经济水平，而一些落后偏远地区，经济发展水平还有待大力提升。因此，不同市场经济发展水平的城市，在面对同样的经济不确定性冲击时，所面临的压力是不同的。同时，不同城市化率的地区，其房地产市场发展水平、房地产价格差距也很大。如表 4-1 所示，总体而言，经济发展水平较高的城市，其城市化率也较高，其房地产价格大多也较高，例如，我国一线城市：北京、上海、广州和深圳，其城市化率与房价基本呈正比，且居我国城市化率的前列。而城市化率与房地产发展水平相辅相成，因此，经济不确定性冲击对于不同城市的房地产价格，其影响必然也存在差异性，这是本书的重要理论基础。基于此，本书将实证研究经济不确定性对我国房地产价格影响的区域异质性，为我国房地产调控的因城施策，提供理论与实证基础。

表 4-1　2020 年我国主要城市城市化率及其排名

排名	城市	百分比%	排名	城市	百分比%	排名	城市	百分比%
1	深圳	99.54	15	杭州	83.29	29	西宁	78.63
2	佛山	95.2	16	兰州	83.1	30	郑州	78.4

排名	城市	百分比%	排名	城市	百分比%	排名	城市	百分比%
3	东莞	92.15	17	无锡	82.79	31	南昌	78.08
4	珠海	90.47	18	长沙	82.6	32	宁波	78
5	厦门	89.41	19	大连	82.35	33	青岛	76.34
6	上海	89.3	20	合肥	82.3	34	济南	73.64
7	太原	89.06	21	海口	81.76	35	福州	72.49
8	北京	87.5	22	苏州	81.72	36	哈尔滨	70.61
9	中山	86.96	23	银川	80.22	37	南通	70.44
10	南京	86.8	24	贵阳	80.07	38	石家庄	70.18
11	广州	86.19	25	昆明	79.67	39	拉萨	69.77
12	天津	84.7	26	西安	79.2	40	重庆	69.46
13	沈阳	85.52	27	呼和浩特	79.15	41	南宁	68.91
14	武汉	84.31	28	成都	78.77	42	长春	65.94

注：城镇化率是城市化度量指标，指城镇人口占总人口（包括农业与非农业）的比重。

第二节 计量模型设定、变量与数据说明

一、计量模型设定

为定量分析经济不确定性、房地产价格、房地产需求和房地产供给之间的动态关系，本书通过构建面板向量自回归 PVAR 模型来分析各变量之间的联动关系。本书将构建一个包含房地产价格（pr）、房地产投资额（inves）、售房面积（sale）和经济不确定性（eu）几个变量的面板向量自回归模型，采用两步 GMM 法对模型进行估计，模型滞后期由 AIC 准则、BIC 准则和 HQIC 三个准则共同确定（取多数原则）。模型具体设定如下：

$$Y_{it} = \gamma_0 + \varphi_1 Y_{it-1} + \cdots + \varphi_p Y_{it-p} + \gamma_i + \varepsilon_{it} \qquad (4-1)$$

其中，i 代表城市，t 代表年份，$Y_{it} = \{pr_{it}, \ln inves_{it}, \ln sale_{it}, \ln eu_t\}$ 表示城市 i 在年份 t 的 4 个内生变量的 4×1 向量，P 是滞后阶数，y 表示城市固定效应，$y_{t+1} = \beta' W_t + \varepsilon_{t+1}$ 是残差项。

二、变量与数据说明

本书选择 2011-2019 年 70 个大中城市数据，从房地产供给与需求角度，综合考察经济不确定性对房地产价格的影响。其中，经济不确定性（eu）由本书前述部分指数测度得出，将 70 个大中城市划分为一线、准一线、二线与三线城市，其房地产价格（pr）取各线城市二手房价格指数月度同比数据得到，将商品房销售面积作为房地产需求的代理变量，记为 sales。将房地产开发投资额作为房地产供给的代理变量，记为 inves。对需要进行季节调整的数据，经 X-13 季节调整方法进行处理，并最终形成标准数据。所有数据均来源于 Wind 数据库和 CSMAR 数据库。各变量数据描述性统计，如表 4-2 所示。

表4-2 各主要变量描述性统计

全部城市	Obs	Mean	Std. Dev	Min	Max	Kurtosis	Skewness
pr	7560	4.883256	0.105955	−16.7649	63.2296	5.934355	1.558888
eu	7560	1.102509	0.00995	0.265363	3.212739	0.847895	1.134011
sales	7560	13.93081	0.187821	−40.0779	83.59091	4.216077	0.493228
inves	7560	8.141714	0.233361	−34.7609	69.69329	0.857749	0.7245
一线城市							
pr	432	8.390769	0.568587	−6.3501	63.2296	3.322954	1.65724
eu	432	1.102509	0.034503	0.265363	3.212739	0.869811	1.137637
sales	432	12.08453	0.346334	−2.60412	35.04136	1.896754	1.287055
inves	432	3.066542	0.887076	−34.4609	59.62048	−0.1239	0.31861
准一线城市							
pr	1620	4.175025	0.113675	−2.09693	53.15723	3.150417	1.190571
eu	1620	1.102509	0.034503	0.265363	3.212739	0.851871	1.135627
sales	1620	13.95913	0.217528	−7.80539	51.32591	0.501371	1.073138
inves	1620	7.891535	0.251351	−13.5715	49.35102	−0.03911	0.691345
二线城市							
pr	1728	4.983067	0.135612	−16.7649	48.23602	4.473463	1.330188
eu	1728	1.102509	0.012801	0.265363	3.212739	0.84919	1.134226
sales	1728	14.05857	0.159536	−8.52259	50.22273	0.539354	1.016059
inves	1728	8.016328	0.260069	−15.7473	51.14304	−0.04842	0.707047
三线城市							
pr	3780	3.754953	0.143079	−8.97625	22.23314	−0.31192	0.229675
eu	3780	1.102509	0.017802	0.265363	3.212739	0.852249	1.134734
sales	3780	14.17615	0.507044	−40.0779	83.59091	1.176048	0.246315
inves	3780	9.737507	0.493253	−34.7609	69.69329	0.835701	0.758881

三、数据平稳性检验

借助于 R 语言对各变量进行了单位根检验，结果显示各变量不存在单位根，均是平稳的，具体如表 4-3 所示。

表 4-3 平稳性检验表

variable	levinlin_exo	ips_exo	madwu_exo	Pm_exo	invnormal_exo	logit_exo	levinlin_p.value	ips_p.value	madwu_p.value	Pm_p.value	invnormal_p.value	logit_p.value
pr	none	intercept	none	none	none	none	1.29E-17	4.93E-07	1.76E-10	1.02E-16	1.97E-07	1.00E-08
eu	none	intercept	none	none	none	none	9.00E-15	4.99E-13	0.004265979	0.001782589	5.91E-07	8.51E-06
inves	none	intercept	none	none	none	none	2.55E-42	5.40E-17	2.91E-30	3.37E-74	7.52E-38	3.59E-32
sales	none	intercept	none	none	none	none	9.41E-51	7.55E-20	6.23E-31	1.28E-76	9.98E-42	2.86E-33

注：exo 为检验形式；除 ips 方法之外，其余方法皆有"none"，"intercept"，"trend"三种形式；ips 方法只有"intercept"，"trend"两种形式。

第三节　实证分析

一、滞后阶数 P 的确定

本书根据信息准则标准，确定 PVAR 模型（式 4-1）的滞后阶数，将我国 70 个大中城市房价划分为一线、准一线、二线和三线城市房价，并根据 AIC 法则和 BIC 法则检验各分样本的最优滞后阶数。结果显示，一线城市样本最优滞后阶数是 3 阶，准一线城市是 4 阶，二线城市是 3 阶，三线城市是 4 阶。

二、脉冲响应函数分析

（一）经济不确定性对我国大中城市房地产整体的影响

图 4-1 展示的是经济不确定性冲击对我国大中城市房地产价格的总体影响。从图（1）可以看出，经济不确定性与我国大中城市房价总体呈正相关关系，并于第 20 期达到最大值 0.75 左右。其中，在第 8 期之前，经济不确定性对于房价冲击影响速率较小，后影响速率增大；图（2）显示，经济不确定性冲击对房地产投资呈负向影响，第 8 期达到最大影响值 -0.08，在第 22 期影响逐渐消失；图（3）显示，经济不确定性冲击对售房面积的影响在第 10 期之前以负向为主，在第 6 期达到最小值 -0.05，在第 10 期转为正向，并在第 20 期达到最大值 0.1。

综上所述，经济不确定性会导致短期房地产需求下降，但中长期会促进房地产销售增长；经济不确定性对房地产投资总体呈现负向冲击反应，即对房地产供给产生抑制作用。综合来看，经济不确定性中长期会促进房地产价格上涨。造成这种现象的可能原因在于，在房地产市场遭受经济不确定性冲击时，基于不确定性的实物期权效应原理，房地产开发商会暂缓投资，导致房地产供给减少。再根据不确定性的预防储蓄性原理，不确定性冲击在短期会抑制消费者的购房需求，但在中长期，出于资产保值与资金避险的需求，短期被抑制的购房需求，在中长期终将被释放，且还会有所增加，导致房地产价格中长期呈不断上涨态势。

（1）　　　　　　　　　　　　　　（2）

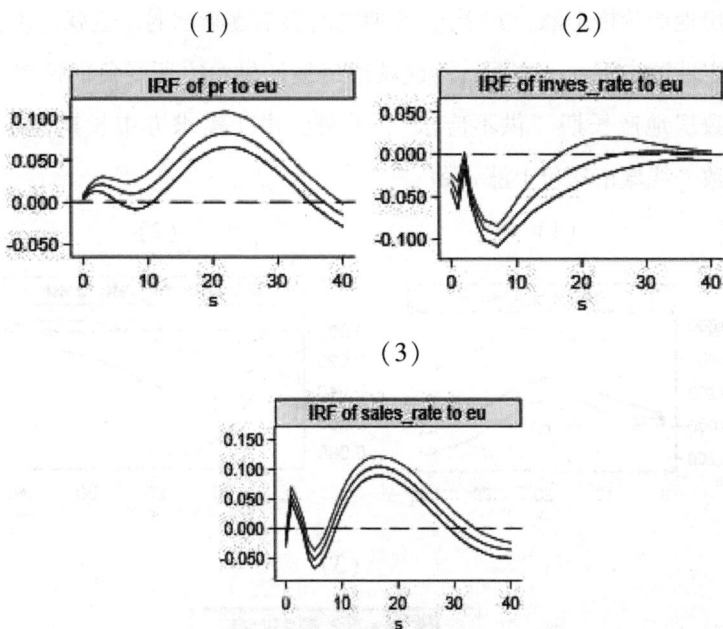

（3）

图4-1　经济不确定性指数对我国总体城市房价、投资额与销售的影响

（二）经济不确定性对一线城市房地产的影响

图4-2展示的是经济不确定性冲击对一线城市房地产价格的影响。从图（1）可以看到，经济不确定性与一线城市房价，总体呈正向相关关系。经济不确定性的一个正向标准差冲击，会导致房地产价格上涨，并于20期达到最大值0.27。随后减弱，最终于第35期后转为负向影响，但影响不明显。图（2）显示了经济不确定性冲击对房地产投资的影响。从图中可以看出，经济不确定性的一个正向标准差冲击，会导致房地产投资下降，并于第12期达到最大值-0.05，随后影响逐渐降低，并于40期后逐渐消失。房屋销售面积对经济不确定性冲击的响应先为负后为正，且在第20期达到最大值0.1，于33期逐渐归于零。图（3）显示了经济不确定性对房

地产需求的影响，从图中可以看出，在第 12 期之前，经济不确定性与房地产需求之间呈负相关关系，一个标准差的经济不确定性冲击最多可导致 0.1 个单位的房地产需求下降。但在第 12 期之后，经济不确定性对房地产销售主要起正向冲击作用，一个标准差的不确定性冲击最大可导致 0.1 个单位的房地产价格上涨，并于第 35 期之后影响逐渐削弱。也就是说，在经济不确定性冲击下，一方面，一线城市房地产供给方所受负向冲击时间较长，导致房地产长期"供不应求"，此外，由于需求方中长期需求强劲，综合导致一线城市房价上涨强劲。

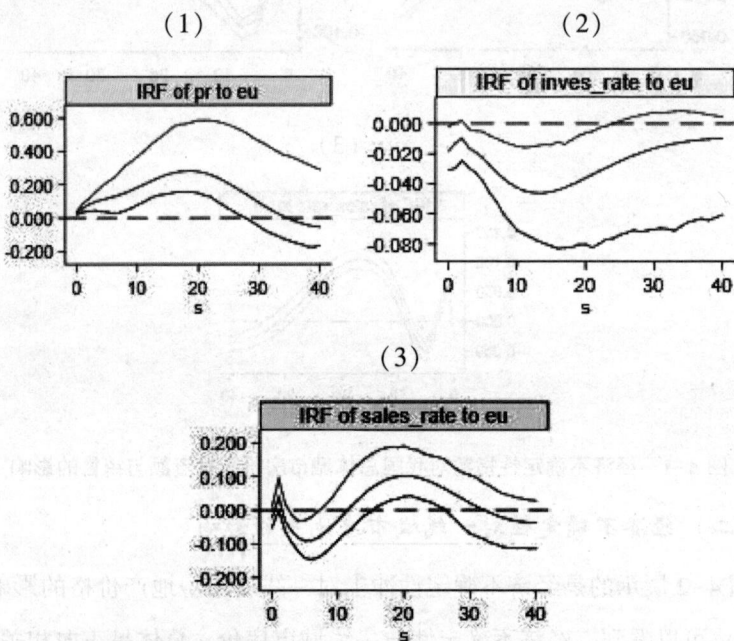

（1）   （2）

（3）

图 4-2　经济不确定性指数对一线城市房地产价格、投资额与销售的影响

（三）　经济不确定性对准一线城市房地产的影响

图 4-3 展示的是经济不确定性冲击对准一线城市房地产市场的影响。图（1）显示房价在经济不确定性的冲击下，先是出现短期下降，后又上涨的现象，在第 23 期达到最大值 0.1；图（2）显示经济不确定性对房地产供应主要呈负向影响，在第 9 期达到最大值 -0.045，到第 25 期左右，负向影响才逐渐归零。图（3）显示经济不确定性冲击对房地产销售影响

也呈波动趋势，在第 10 期前，不确定性冲击对销售主要呈负向影响，但随着不确定性指数的不断升高，其对销售的影响由负向转为正向影响，在 20 期左右达到最大值 0.9，于 31 期左右逐渐归零。因而，综合来看，经济不确定性冲击降低了房地产供给，中长期刺激了房地产销售，从而使得准一线城市房价呈现短期下降而中长期上涨的趋势。且从时间上来看，经济不确定性对准一线城市房价的冲击时间上要比一线城市滞后 3 期达到最大值。准一线城市在房地产供给减少，而房地产需求总体增加的情况下，其房价中长期呈增长趋势。

（1）　　　　　　　　　　　　　　　（2）

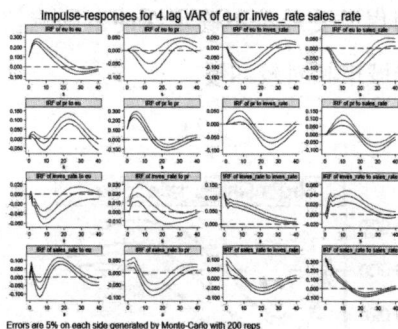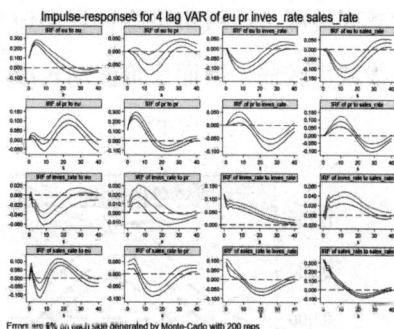

（3）

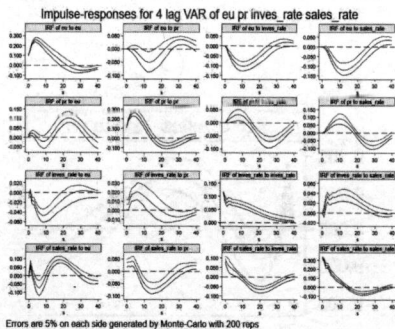

图 4-3　经济不确定性指数对准一线城市房地产价格、投资额与销售的影响

（四）经济不确定性对二线城市房地产的影响

图 4-4 展示的是经济不确定性冲击对二线城市房地产市场的影响。图（1）显示房价因受经济不确定性冲击而下降，于第 10 期达到阶段性最低

系数点-0.01，随后房价不断上升，于第 23 期达到阶段最高系数点 0.06。二线城市房地产投资同样受经济不确定性冲击呈下降趋势，于第 10 期达到阶段最低系数点-0.03，并于第 20 期，影响发生转变；图（2）显示房地产销售对于经济不确定性的影响更为敏感，经济不确定性对房地产销售产生短暂正向冲击（于第 3 期达到最大值 0.08）后，销售受经济不确定性冲击而下降，于第 8 期达到阶段性最低点-0.07，随后于第 10 期影响发生转变，并于第 20 期达到阶段性最高点 0.08，随后影响逐渐减弱。从图（3）中可以看出，在二线城市，房价整体趋势跟准一线城市相近，不同点在于，经济不确定性冲击达到一定程度以后，房价对于经济不确定性冲击的敏感度较准一线城市下降，且房地产销售额受经济不确定性冲击影响较准一线城市较弱，因而房价波动较准一线城市相对较和缓。

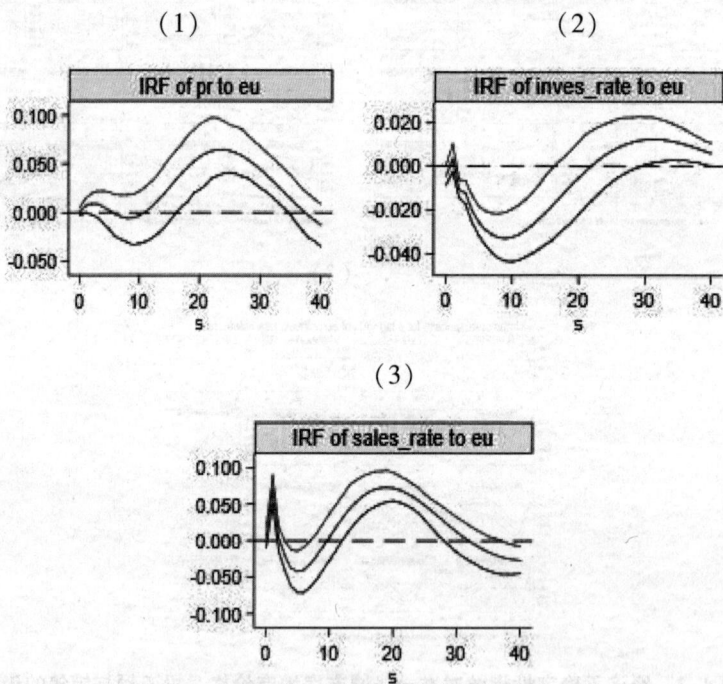

（1）   （2）

（3）

图 4-4　经济不确定性指数对二线城市房价、投资额与销售的影响

（五）经济不确定性对三线城市房地产的影响

图 4-5 展示的是经济不确定性冲击对三线城市房地产市场的影响。图

（1）显示的是经济不确定性一个单位标准差的正向冲击时，房价首先会有一个较低幅度的下降，至第 10 期之后房价转为迅速上升，并于第 23 期左右达到最大值 0.07，并最终于第 35 期左右，其影响再次转为负向。也就是说，经济不确定性在中长期与房价主要呈正相关关系。图（2）显示的经济不确定性的一个标准差正向冲击，对房地产投资额的影响，从图中可看出，在第 23 期之前，经济不确定性与房地产投资主要呈负相关关系。经济不确定性于第 9 期，最多可导致房地产投资下降 0.043 个单位。图（3）显示的是经济不确定性对房地产销售额的影响。从图中可以看出，在第 5 期之前，不确定性对房地产销售会产生一个短暂的正向刺激，随后迅速转为负向冲击，并于第 7 期达到最大负向冲击值−0.07；在第 11 期至第 32 期，经济不确定性与房地产销售额之间主要呈正相关关系，并于第 20 期达到最大值 0.07；于第 32 期之后转为负向影响，但影响逐渐降低。从图中可以看出，在三线城市，房价整体趋势跟二线城市相近，不同点在于，经济不确定性冲击达到一定程度以后，房价对于经济不确定性冲击的敏感度较二线城市下降，且房地产销售额受经济不确定性冲击影响二线城市较弱，因而房价波动较二线城市相对和缓。但总的来说，无论准一线、二线还是三线城市，在经济不确定性越来越高的情况下，消费者的购房意愿都是逐渐升高的，说明房地产市场已成为各大中城市居民"避险"的重要资产选择，其金融属性不断增强。

（1）　　　　　　　　　　　　　　　（2）

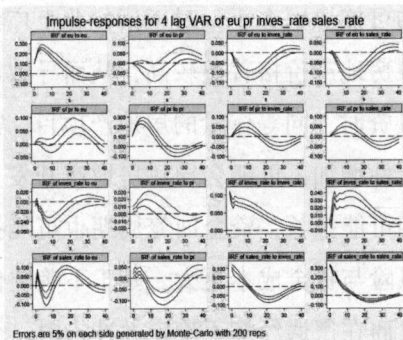 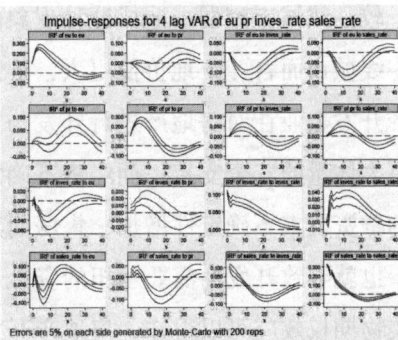

（3）

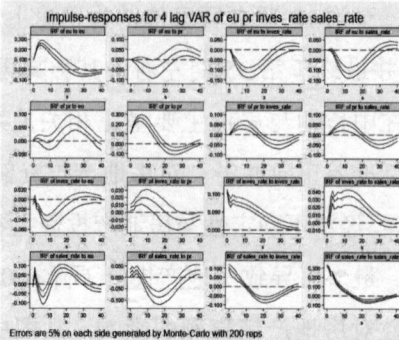

图4-5 经济不确定性指数对三线城市房价、投资额和销售的影响

综上所述，经济不确定性冲击会导致房地产参与各方的预期以及行为发生改变。首先会改变房地产开发商的投资预期，从而影响房地产的市场供给；同时经济不确定性冲击也会影响消费者的购房行为，影响购房需求，通过房地产市场供给与需求的综合作用，最终影响房地产价格走势。

具体来看，一线城市房地产价格与经济不确定性冲击总体呈正相关关系，在短期，经济不确定性会降低房地产价格的上涨速率，但在中长期，房地产价格会随着不确定性水平的升高而上升。经济不确定性冲击在短期，都会对准一线、二线城市与三线城市的房地产价格产生负向影响，即在短期随着不确定性水平的升高，会导致准一线、二线城市与三线城市的房地产价格产生短暂的下跌，但在中长期，准一线、二线城市与三线城市的房价会随着不确定性水平的上升而呈增长态势。只是这种增长强度与速度，较一线城市稍弱。造成这种现象的可能原因在于，对于诸如北上广深的一线城市而言，土地价值更大，导致房地产价格普遍较高，从而导致房地产开发企业在对房地产进行开发与投资时，同等体量的房地产项目，需要更大体量的资金支持，而经济不确定性增加，可能会导致房地产开发企业的融资成本不确定性增加，售房周期可能拉长，资金回笼周期也可能拉长，也就导致开发商需要承担的资金风险与资金成本更大。基于不确定性的实物期权效应可以得知，房地产开发商在遭遇经济不确定性冲击时，会推迟新的商品房建设，从而导致房地产供给下降。从房地产的需求角度来看，消费者在遭遇经济不确定性冲击时，基于预防储蓄效应，短期会有增加储蓄减少消费的心理倾向，导致推迟对商品房的购买行为。但当经济不确定性逐渐上升时，购房者对于未来不确定性预期不明朗，出于资产保值与避险的需求，基于历史经验，会加大购房投资行为，前期被抑制的购房需求，得以有效释放。最终，在房地产供给不足，而房地产需求强劲的综合作用下，房地产价格呈现逐渐上涨趋势。

三、方差分解分析

方差分解可以给出变量冲击对于系统中内生变量均方误差的贡献程度，进一步评估冲击的重要性。本书研究结果显示，房地产价格、房地产投资和房地产需求皆主要受自身影响，经济不确定性对房地产价格增长的贡献率最高，房地产需求和房地产开发对于房地产价格增长的贡献，呈现区域异质性。

首先，从70个大中城市总体来看，经济不确定性对房地产价格增长贡献最大，占8.8%，房地产销售对房价的贡献为5.4%，房地产投资对房价贡献为5.9%；同时经济不确定性对房地产销售的贡献为5.3%，对房地产投资的贡献为4.5%；经济不确定性对房地产价格、房地产销售和房地产投资的贡献，随着期数的增加呈上涨趋势。从总体来看，经济不确定性对房价波动的贡献率最大，其次是房地产投资，最后是房地产销售。这也进一步说明了房地产具有较强的虚拟金融属性，既受自身供给与需求的影响，也容易受不确定性冲击的影响。此外，房地产投资对房价波动的影响强于房地产销售对房价波动的影响，说明在我国房地产开发商市场地位要强于消费者的市场地位。

其次，分区域来看，（1）一线城市中，经济不确定性对房价增长贡献率为6%左右，对房地产销售的贡献率是3.3%，对房地产投资的贡献率为9.2%，且经济不确定性对房地产价格、房地产销售和房地产投资的影响呈逐渐上升趋势；而销售对房地产价格的贡献为5.3%，房地产投资对房地产价格的贡献是9.7%。由此可以看出：在一线城市，经济不确定性对房地产投资的影响更大；同时，一线城市房价波动主要受房地产投资的影响，这说明一线城市房地产价格的上涨动力，主要来源于房地产的供应量不足。（2）在准一线城市中，经济不确定性对房地产价格的贡献最大为6.3%；房地产销售对房地产价格的贡献率为5.3%，房地产投资对房地产价格的贡献率为4.9%，房地产投资对房地产价格的贡献率呈逐渐下降趋势，说明准一线城市房价上涨，更多来源于房地产需求的增加。（3）二线城市中，经济不确定性对房地产价格的贡献最大为7.1%；房地产销售对房地产价格的贡献率略高于房地产投资的贡献率，分别为5.4%与5.2%；房地产投资对房地产价格的贡献率呈逐渐下降趋势，这是区别于一线与三线城市的地方，说明二线城市房价上涨，更多来源于房地产需求的增加。（4）三线城市中，经济不确定性对房地产价格的贡献率为10.6%，在三大区域中最高，经济不确定性对房地产销售的贡献是8.7%，对房地产投资的贡献是7.8%；而房地产销售对房地产价格的贡献率为5.7%，房地产投资对房地产价格的贡献率为5.3%，且各变量对房地产价格的贡献率呈上升趋势，也就是说，三线城市房价受经济不确定性的冲击较其他城市更敏感，且其房地产需求的增加是房地产价格上涨的重要原因。总的来说，跟本书前部分的脉冲响应分析相近，因而也进一步证明了模型的可靠性。

本章小结

本书基于2011-2019年我国70个大中城市的面板数据，利用面板数据模型，从房地产供给与需求两方面分析了经济不确定性对房地产价格的影响及其机理，并进一步考察了不同类型城市的异质性。结果表明，从总体来看，经济不确定性在短期会冲击居民的购房意愿，降低居民的购房需求，从而会对房地产价格产生一个小幅度的负向冲击。但从中长期来看，经济不确定性对房地产开发商的投资冲击较大，房地产开发商会延缓投资，造成房地产供应相对减少，且中长期居民面对不断升高的经济不确定性，避险情绪浓厚，再加上对前期调控政策敏感性的降低，导致前期被抑制的购房需求得以释放并进一步增加，最终将导致房地产价格上涨。

研究还发现，一线城市房地产价格的上升主要来自于房地产开发商投资的减少而导致的供应紧张，准一线、二线与三线城市房地产价格上涨则主要来自于中长期需求方购买意愿的不断增加。这可能是因为一线城市投资房地产需要承担更大的风险，经济不确定性的增强致使开发商融资能力下降，融资成本提高，进而减少了房地产的开发投入。而其他城市与一线城市相比，房地产价格相对低廉，并且不少中型城市有着良好的发展前景，导致住房成为一种"相对安全资产"，居民购买意愿居高不下。

因此，从70个大中城市经济不确定性对房地产价格的影响来看，基本验证了本书前述观点：经济不确定性对我国房地产价格，整体呈非线性影响的结论。而从房地产供给与需求角度来看，经济不确定性在短期会对房地产价格产生轻度负向冲击，以准一线、二线与三线城市为主要表现；但中长期随着经济不确定性水平的不断升高，居民前期被压抑的购房需求得以有效释放，并出于资产避险的需求，经济不确定性对房地产价格的影响，由负向影响转为正向影响，致使房地产价格中长期呈不断上涨态势。

第五章

货币政策对房地产价格的影响研究

新古典综合学派与新凯恩斯主义都认为货币政策是有效的，即由于市场经济运行的不完美，导致工资与价格粘性的存在，货币政策的实施必然导致市场上货币供应量的变化，也必然导致总需求与总产出发生变化，货币政策是有效的。基于货币政策有效性的基本原理，成为货币政策工具能够干预经济运行以及资产价格变动的重要基础。

我国货币政策工具分为一般性工具、选择性工具以及新工具等。一般性货币政策工具包括公开市场操作、存款准备金和再贴现等，多属于间接调控工具，主要是从总量上对货币供应量和信贷规模进行调节。选择性货币政策工具多属于直接调控工具，侧重于对银行业务活动质的方面进行控制，是常规性货币政策工具的必要补充。新工具主要指结构性货币政策工具，有常备借贷便利 SLF，中期借贷便利 MLF，抵押补充贷款 PSL 与短期流动性调节工具 SLO 等。由于不同行业、不同区域存在不均衡发展问题，中央银行为了促进经济的有效协调发展，采取了不同于统一货币政策的有差异化的货币政策，即结构性货币政策。结构性货币政策工具因具有贷款优惠、利率优惠、消费者信用管制等特点，近年来被越来越频繁地采用。值得注意的是，结构性货币政策对国家经济运行状况的影响是局部性的，而非全局性的。

一般性货币政策工具对房地产价格的影响，主要表现为，当存贷款利率下降与货币供应量增加时，导致流动性增加，以及企业与消费者的用资成本下降。房地产开发商基于更多的资金支持与更低的用资成本，必然会加大其实力，提升其议价话语权，导致在房地产供应总量一定的情况下，有提升房价的能力与动力。而消费者通过贷款购房的能力，随着利率下降贷款增加而提升，购房需求不断增加。综合作用之下，导致房地产价格上涨。结构性货币政策对于房地产价格的作用机理，在根源上同于一般性货币政策，即还是通过降低贷款利率，以及增加货币供应量而导致流动性增加，从而促进房价上涨。比如，结构性货币政策中的中期借贷便利政策（MLF），在中期通过影响货币投放量而造成流动性变化，从而影响房价。特别是基于"棚户区改造"而设立的抵押补充贷款政策（PSL），因为，通过给与拆迁户直接的货币化补偿，以及给与开发商更低利率与更高成数的企业债支持，导致货币总量增加，利率下降，企业资金成本下降，消费者购房需求增加，最终导致房地产价格上涨。

房地产对城市居民的生活意义重大。自20世纪80年代实行住房制度改革以来，房地产逐渐发展，一度成为我国经济的支柱产业，相关产业链涉及几十个行业。房地产因其特殊属性——既有居住消费属性，又有投资金融属性，因此，既是居民财富的重要储存手段，也承载着经济增长的重要使命。对房地产市场的研究也由来已久，尤其2008年金融危机，给世界各地敲响了警钟，对于房价的过快上涨可能造成的对金融和经济的消极影响，需要给予充足的关注。因此，房地产价格波动是否应该被纳入央行的关注范围，货币政策是否应该关注或者干预房地产价格波动，成为近年来学者们研究的重点之一。

那么货币政策应该如何应对房价的快速上涨呢？通过对逾二十年的中外文献的梳理，可以发现，总的来说，主要分为以下几种观点：一些学者持较为积极的观点，认为货币政策应当直接干预房地产等资产价格的波动，以美国经济学家 Cecchetti et al.、Bordo et al. 和澳大利亚储备银行的 Kent 等为代表；而另外一些人则认为货币政策不应该关注房地产价格波动，只做事后反应与泡沫的补救工作即可，以 Mishkin（2007）为代表；此外，还有部分学者建议货币政策与其他政策配合使用，比如配合以宏观审慎监管政策等，以增强货币政策的调控效果，如吴培新（2011）、任木荣等（2012）、李天宇等（2016）与齐岳等（2020）等。国内对货币政策与房地产价格之间关系的研究，基本都支持货币政策应该直接干预房地产价格波动。一些学者甚至认为，中国人民银行在实践中已经关注了诸如房地产等资产价格波动，如杨柳等（2013）通过研究发现，我国货币政策实践中已对房价波动做出了反应。王曦等（2017）经过研究证明：央行确实关注了资产价格，并体现出维护金融稳定的宏观审慎管理特征等。无论是事前直接反应论，还是事后补救观，总之货币政策对房地产价格存在一定的影响，至于存在怎样的影响，众多学者研究结论不一。主要原因在于学者们使用的研究方法不尽相同，大多数基于 VAR、SVAR、VECM 等小模型来进行分析，而货币政策与房地产价格波动的影响因素众多，受制于小模型的信息量有限与维度诅咒的问题，需要能涵盖更丰富信息量的模型来进行分析。

为合理分析与解决上述问题，基于货币政策的宏观性，以及考虑到影响房地产价格波动的宏观因素较多等问题，本书将利用 Bernanke et al.（2005）提出的因子增广的向量自回归模型（Factor-Augmented Vector Autoregression，简称 FAVAR），基于一线、二线与三线城市房地产价格数据，从常规货币政策与非常规政策角度，分别分析对我国房地产价格的影响，从而为货币政策更好地调控城市房价提供更加合理的政策建议。本书的主要研究目的在于，在不考虑经济不确定性的条件下，探讨货币政策对房地产价格的影响，为后续探讨在考虑经济不确定性下货币政策对房价调控的有效性作对比研究，以明确不确定性对房地产价格的间接影响。本书同以往文献相比，可能的贡献在于：一是将货币政策划分为数量型、价格型等常规货币政策与非常规货币政策，来分别分析其对各线城市房地产价格的影响，这种分析目前较少；二是本书运用了 FAVAR 模型的脉冲响应函数与方差分解法，详细分析了货币政策对房地产价格的影响效果，模型包含的信息更加丰富，能更准确刻画货币政策与房地产价格的关系。

第一节　理论分析

一部分学者认为资产价格上涨主要源于实体的经济发展，另一部分学者则认为资产价格在长期受供给与需求力量的影响，在短期则主要受市场需求的影响，而流动性又是影响资产需求的重要因素。流动性大幅增加，市场对资产的需求就越旺盛，资产价格就会逐步攀升；而当市场流动性下降时，投资者会纷纷抛售资产以补充流动性，资产价格随之下降，甚至崩盘。2008 年金融危机发生后，这种观点得到了强化，研究焦点从流动性转移到了扩张的货币政策上。学者们认为扩张的货币政策使市场上的流动性充足，进而推动诸如房地产等资产价格节节攀升。

货币政策影响房地产价格的一般机理为：通过货币政策工具作用于需求端的房产消费者和供给端的房产开发者来综合影响房价。（1）需求端。在中国，消费者主要通过银行按揭贷款的方式来筹措资金购买房产。因此，当利率下降、信贷扩张或货币供应量增加时，无论是"刚需型"购房者，还是投资型购房者，甚至是投机型购房者都将更容易获得资金支持，用于购买更多房产，购房需求上升，推动房地产价格上涨。（2）供给端。当货币政策宽松时，房地产开发商更易获得资金支持，且融资成本更低，导致开发商资金链良好，不需要通过降价或者打折的方式回笼资金，议价能力更强。至此，开发商可以通过提高售价的方式，实现利润最大化。即便货币政策宽松会导致房地产市场供给增加，但在销售市场旺盛时，开发商会利用自己的垄断地位，对房地产价格实现控制。而当市场需求较弱时，一段时间内，房产价格会下降，但如果开发商资金链良好，出于最大化收益考量，开发商不会主动降价销售，因而房价还是会较为坚挺，不会出现大幅降价和长期降价的情况。

第二节 研究方法与数据说明

一、研究方法

货币政策对房地产价格存在一定的影响，至于存在怎样的影响，众多学者研究结论不一。主要原因在于学者们使用的研究方法不尽相同，大多数基于 VAR、SVAR、VECM 等小模型来进行分析，而货币政策与房地产价格之间的关系属于较为复杂的问题，会受到众多宏观与微观因素的影响，但受制于小模型的信息量有限与维度诅咒的问题，在描述此类复杂宏观问题时，可能会因所涵信息有限而导致遗漏重要宏观信息，从而可能降低模型的准确性；此外，小模型的变量选取容易受个人主观偏好的影响，不同的学者在应用同一个模型，研究同一类甚至是同一个问题时，容易因所选变量不同，而出现所得的结论不一致的问题。因此，本书构建了 FAVAR 模型，可有效避免传统小模型所容变量较少的问题。将与货币政策和房地产价格相关联的宏观变量，通过提取共同因子的方式进行分析。此种方法一方面包含了足够多的宏观变量，信息涵盖丰富；另一方面，可有效避免因主观选择变量而造成的研究准确性下降的问题。因此，如 Bernanke et al.（2005）所言，FAVAR 模型比普通小模型（如 VAR、SVAR 和 VECM 等）更能充分地利用经济信息，更能准确地刻画所需研究的经济问题。

（一）模型设定

本书借鉴 Bernanke et al.（2005）的做法。$N×1$ 维信息矩阵 X 为假定的全部信息集合，其中 $M×1$ 维矩阵 Y（$M<N$）是包括信息集合中较为关键信息的信息子集。由此，本书所构 FAVAR 模型，其基本设定为：

$$\begin{bmatrix} F_t \\ Y_t \end{bmatrix} = \Phi(L)\begin{bmatrix} F_{t-1} \\ Y_{t-1} \end{bmatrix} + v_t \tag{5-1}$$

其中 Y_t 为待考察的集合向量，全部信息集合 X_t 中除去 Y_t 的公共因子向量用 K×1 维矩阵 F_t 表示；$\Phi(L)$ 为滞后因子多项式矩阵；v_t 是均值为 0，协方差矩阵为 Q 的残差项向量。

很明显，根据上式及相关假定，向量 X_t、Y_t 以及 F_t 之间存在以下关系式：

$$X_t = \Lambda^f F_t + \Lambda^y Y_t + \varepsilon_t \tag{5-2}$$

其中，Λ^f 为 N×K 为因子载荷系数矩阵，ε_t 为 N×1 维零均值的残差向量。方程式（5-2）中 Y_t 和 F_t 包含的信息，代表影响 X_t 的主要因素。

（二）模型估计

Bernanke et al.（2005）提出采用两步法对 FAVAR 模型参数进行估计。首先，从全部信息集合 X_t 中运用主成分分析法提取主成分构造 $\hat{C}(F_t, Y_t)$。其次，依据对货币政策变动的灵敏度，将 X_t 信息集合中的因子分为快速反应和慢速反应两类，从而构建出慢速因子矩阵 $C(F_t)$，并将 $C(F_t)$ 和 Y_t 作为自变量与 $\hat{C}(F_t, Y_t)$ 进行回归分析，以确定相关系数矩阵 β^y：

$$\hat{C}(F_t, Y_t) = \beta^f C(F_t) + \beta^y(Y_t) + e_t \tag{5-3}$$

进一步，获得因子矩阵 $\hat{F}_t$：

$$\hat{F} = \hat{C}(F_t, Y_t) - \hat{\beta}(Y_t) \tag{5-4}$$

第二步是用以上信息对 FAVAR 模型进行参数估计。除此之外，本书假定 $C'C/T = I$，$C = \sqrt{T}Z$，同时本书采用 Bernanke et al.（2005）的方法将 FAVAR 模型的滞后期确定为 2 期。

（三）脉冲响应函数

在完成模型估计之后，本书对 FAVAR 模型进行脉冲响应函数分析。FAVAR 模型借助标准 VAR 进行参数估计，并将单个变量变动产生的影响

通过信息集合 (F_t, Y_t) 扩展至整个系统 X_t。具体解决方法如下，基于 FA-VAR 的标准模型：

$$\begin{bmatrix} X_t \\ Y_t \end{bmatrix} = \begin{bmatrix} \Lambda^f \Lambda^y \\ 0 \quad 1 \end{bmatrix} \begin{bmatrix} F_t \\ Y_t \end{bmatrix} + \varepsilon_t \tag{5-5}$$

将式（5-1）的方程式转化为 VMA 形式：

$$\begin{bmatrix} F_t \\ Y_t \end{bmatrix} = \Phi(L) - 1v_t \tag{5-6}$$

再将式（5-6）式代入式（5-5）中，得到脉冲响应分析的基本方程式：

$$\begin{bmatrix} X_t \\ Y_t \end{bmatrix} = \begin{bmatrix} \Lambda^f \Lambda^y \\ 0 \quad 1 \end{bmatrix} \Phi(L) - 1v_t + \varepsilon_t = B(L)\varepsilon_t \tag{5-7}$$

（四）方差分解

本书运用 FAVAR 进行了方差分解分析。方差分解可以把模型中变量的预测方差，分解为由各个冲击解释的部分，从而评价各个冲击的重要程度。公式（5-1）又可以表达为：

$$C_t = \Phi(L) + C_{t-1} + v_t \tag{5-8}$$

其中 C_t 为共同因子向量，$\Phi(L)$ 为 p 阶滞后多项式，v_t 是随机误差项。

同时，$C_t = \begin{bmatrix} F_t \\ Y_t \end{bmatrix}$，所以式（5-8）的传统 VAR 模型的方差分解式为：

$$\frac{VAR(ct + k - \hat{c}t + k \mid t) \mid \varepsilon_t^{imp})}{VAR(ct + k - \hat{c}t + k \mid t)} \tag{5-9}$$

其中 c_t 代表 C_t 中的一个元素，ε_t^{imp} 代表冲击变量。（5-9）式的含义是方差中由 ε_t^{imp} 解释的部分。本书的方差分解式描述了各个冲击对变量波动中，由共同因子解释部分的贡献度，具体计算方法为：

$$\frac{\Lambda i VAR(Ct + k - \hat{C}t + k \mid t \mid \varepsilon_t^{imp})\Lambda'i}{\Lambda i VAR(Ct + k - \hat{C}t + k \mid t)\Lambda'i} \tag{5-10}$$

其中 Λi 代表 Λ 的第 i 行，$VAR(Ct + k - \hat{C}t + k \mid t \mid \varepsilon_t^{imp})$ 和 $VAR(Ct + k - \hat{C}t + k \mid t)$ 是（5-8）式传统 VAR 模型的方差分解式。(5-10)式计算了 ε_t^{imp} 对 X_t 的第 i 个元素的波动中由 C_t 解释部分的贡献。

二、数据说明

考虑到货币政策与房地产价格是本书的主要研究变量，因此，本书首先搜集并筛选了可能影响这两个主要变量的宏观经济与金融变量，最终确定了 27 个变量作为 X_t，本书将这些变量划分为十组，分别为（1）利率政策变量：包括 1 年期存贷款利率、1-3 年期存贷款利率、3-5 年期存贷款利率，SHIBOR 等；（2）数量型货币政策变量：M0、M1 与 M2 等；（3）非常规货币政策：中期借贷便利 MLF 与抵押补充贷款 PSL 等；（4）房地产价格变量，分为一线城市、二线城市与三线城市房地产价格等。（5）房地产开发销售变量，包括房地产开发投资额，商品房销售额与商品房销售面积等。（6）土地方面，包括土地购置费与土地购置面积等。（7）是商品价格和经济增长方面，包括 CPI、发电量、克强经济指数等。（8）消费与投资方面，包括社会消费品零售总额与固定资产投资完成额等。（9）是国际贸易和汇率方面，包括进口金额、出口金额、美元兑人民币平均汇率等。（10）是股票市场方面，包括上证综合指数、深证综合指数等。其中，受制于数据的可得性与样本时间长短等问题，本书最终选择了 MLF 与 PSL 两种货币政策工具作为非常规货币政策的代理变量来进行研究。由于 PSL 政策与 MLF 政策推出时间较晚，故 PSL 的样本区间设定为 2015 年 5 月到 2019 年 12 月，MLF 的样本区间则设定为 2014 年 9 月到 2019 年 12 月，其余样本区间选定为 2011 年 1 月到 2019 年 12 月。并参照 Bernanke et al.（2005）做法，将所有变量划分为快速变量与慢速变量两种，具体见表 5-1。以上所有数据均来自 wind 数据库、国家统计局网站与 CSMAR 数据库。

表 5-1 FAVAR 模型中的主要变量

变量属性	变量名称	变量速率
利率政策	1 年期存贷款利率	快
	1-3 年期存贷款利率	快
	3-5 年期存贷款利率	快
	SHIBOR	快
数量型货币政策	M0	快
	M1	快
	M2	快
非常规货币以政策	中期借贷便利	快
	抵押补充贷款	快
房地产价格	一线城市房地产价格	慢
	二线城市房地产价格	慢
	三线城市房地产价格	慢
房地产开发销售	房地产开发投资额	慢
	商品房销售额	慢
	商品房销售面积	慢
土地方面	土地购置费	慢
	土地购置面积	慢
商品价格与经济增长	CPI	慢
	发电量	慢
	克强经济指数	慢
消费与投资	社会消费品零售总额	慢
	固定资产投资完成额	慢
国际贸易与汇率	进口金额	慢
	出口金额	慢
	美元兑人民币平均汇率	慢
股票市场	上证综合指数	慢
	深证综合指数	慢

第三节　实证分析

一、数据预处理与平稳性检验

在正式构建模型之前，根据 FAVAR 模型的要求，需要对所有数据进行预处理。首先，将各类价格指数数据转化为以 2011 年 1 月为基期的定基比数据，以去除价格性因素的影响。其次，对需要进行季节性调整的数据，采用 X-12 季节调整方法进行处理。接着，对除存贷款利率数据以外的其余主要货币政策数据，如 M2、MLF 与 PSL，以及其他较大数据，取对数化处理。再次，对 27 个变量运用 ADF 方法进行单位根检验，对于非平稳序列，本书对其进行一阶差分处理，经差分之后的序列即变为平稳序列，具体结果见表 5-2 所示。从表中可以看出，房价数据都是平稳的，而货币政策经一阶差分后，也变成了平稳数据。最后，对所有的平稳数据进行标准化处理，以方便进行共同因子的估计与 FAVAR 模型的构建。

表 5-2　主要变量单位根检验结果

	(C, T, L)	ADF	5%临界值	结论
一线城市房价 PR1	(1, 0, 5)	-3.3945	-2.89004	平稳
二线城市房价 PR2	(1, 0, 1)	-2.94499	-2.88893	平稳
三线城市房价 PR3	(1, 1, 1)	-3.49684	-3.45276	平稳
LOAN（取一阶差分）	(1, 0, 1)	-4.6243	-2.8892	平稳
M2（取一阶差分）	(1, 1, 4)	-6.67078	-3.45447	平稳
MLF（取一阶差分）	(1, 1, 0)	-7.27452	-3.45276	平稳
PSL（取一阶差分）	(1, 1, 0)	-14.6107	-3.45276	平稳

注：(C, T, L) 表示检验式中是否包含常数项、趋势项及滞后阶数.

二、基于 FAVAR 模型的脉冲响应分析

(一) 货币政策对一线城市房地产价格的影响

1. 从图 5-1 的整体来看，货币政策对一线城市价格的影响较为显著，其中，利率政策的影响最为突出，对一线城市房价的冲击幅度最大，MLF 及 PSL 的冲击幅度紧随其后，M2 的影响较为平缓，但影响周期更长。

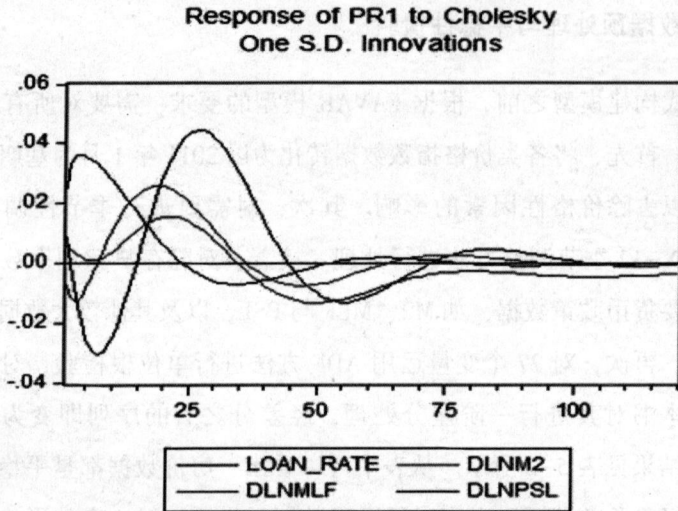

Response of PR1 to Cholesky One S.D. Innovations

图 5-1　货币政策对一线城市房价的影响

2. 分别来看，(1) 利率政策对一线城市房价的影响。利率每提高一个单位，最多可导致 0.035 个单位的房价下降，且影响大约为 15 期。经过约 15 期的冲击后，利率对一线城市房价产生了正效应，即一个单位的利率正向冲击，最多可导致 0.045 个单位的房价上涨，影响时间为 20 期左右。后再从正效应转变为负效应，但冲击减弱，利率每提高一个单位可导致 0.017 个单位的房价下降，时效为 25 期左右，此后，影响不再明显。可见利率政策对一线城市房价具有较为深远的影响，且在有效期内，影响较为复杂，其经历了负向—正向—负向—消失的一个整体过程，而利率政策对房价的负效应呈现了强烈—失灵—减弱的过程。导致这种现象的可能原因，主要在于，利率提升，会造成消费者的购房成本上升，购房需求短期

受到抑制，房价下降。但购房需求并没有真的减少，消费者只是延迟了购房行为，在经过一段时间的政策适应之后，短期被压抑的购房需求得以释放，导致中期房地产价格开始上涨；同时，由于购房利息的增加，导致再次交易时，房价因持有成本的增加而上涨，从而出现第 15-45 期利率上涨房价也上涨的现象。随着房价的不断上涨，政府对于高房价会做出调控反应，因而，到 45 期之后，随着调控的升级，利率对房价的影响又转为负向，但基于边际效应递减的原因，利率对于房价的负向效应逐渐减弱，直至消失。(2) 数量型货币政策对一线城市房价的影响。以 M2 为代理变量的数量型货币政策，对于一线城市房价的影响也较为复杂。在前 5 期，M2 的增加对一线城市房价的冲击并不明显，这可能跟宏观经济与市场对于数量型货币政策的冲击反应存在时滞有关，又或是与数量型货币政策的房地产价格传导渠道不够畅通有关。我们还可以看到，从第 5 期至第 35 期，一个单位 M2 的正向冲击，最多可导致 0.03 个单位的一线城市房价上涨。之后，M2 对一线城市房价的影响转为负向，且长期保持轻微负向稳定的影响。(3) 非常规货币政策对一线城市房价的影响。从图 5-1 可知，MLF 对一线城市房价的影响过程，类似于利率政策对一线城市房价的影响，但影响程度相对利率政策较弱。一个单位的 MLF 冲击在前 10 期，最大可导致 0.01 个单位的一线城市房价下降。但从第 10 期至第 30 期之间，MLF 对一线城市房价呈正效应影响，一个单位的 MLF 冲击最大可导致 0.025 个单位的一线城市房价上涨。随后 MLF 对一线城市房价的影响由正向转为负向，但影响不明显，直到 75 期后逐渐消失。其可能的原因类似于利率政策的影响，主要受政府调控所致。MLF 主要发挥的是中期政策利率的作用，对房价影响的时效与力度相较于利率政策较为有限。从图 5-1 中，我们可以看出，PSL 对一线城市房价的影响在前 25 期主要呈正向效应，即一个单位的 PSL 正向冲击，最高可导致 0.035 个单位的一线城市房价提升。从第 25 至 50 期，PSL 对一线城市房价主要呈负向效应的影响，但影响程度较小，50 期后影响逐渐归零。出现这种现象的可能原因在于，作为一种中期数量型工具，PSL 的增加意味着市场上货币供应量的增加，尤其是其中针对旧房改造而专门设置的政策性贷款，更是对一线城市房价的较大利好。因此，PSL 对一线城市房价主要呈正向效应的影响，这也从一个侧面反映了 PSL 政策在房地产价格传导路径中，其数量型货币政策功能的发挥要强于其价格型货币政策功能的发挥。

（二）货币政策对二线城市房价的影响

1. 从图 5-2 的整体来看，货币政策对二线城市房价的影响也较显著，其中，利率政策与 M2 对二线城市房价的冲击幅度最大，且 M2 对二线城市房价，具有长久而稳定的正向促进作用；MLF 与 PSL 政策对二线城市房价的影响相对平缓。

**Response of PR2 to Cholesky
One S.D. Innovations**

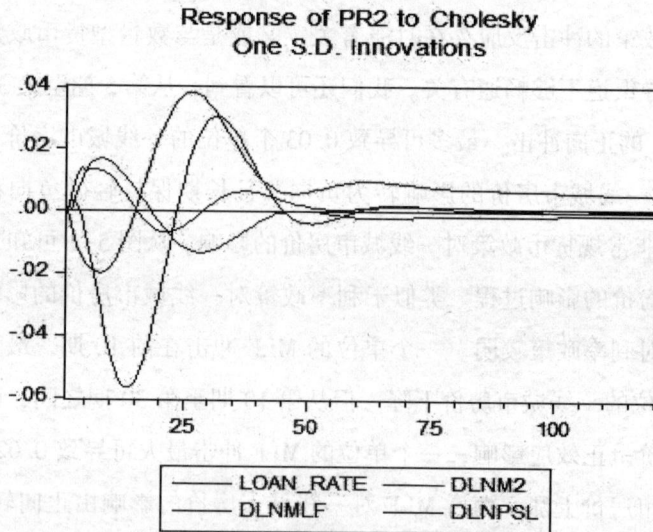

图 5-2　货币政策对二线城市房价的影响

2. 分别来看，（1）利率政策对二线城市房价的影响，类似于对一线城市的影响，但其影响程度不同，前 25 期，利率政策对二线城市房价主要呈负向效应，一个标准单位的利率正向冲击，最多可导致二线城市房价下降 0.057 个单位。第 25 至 45 期，利率对房价的影响由负向转为正向，最大可导致房价提升 0.03 个单位。第 45 期至 60 期，又转为负向影响，但冲击程度逐渐减弱，最终影响逐渐趋于零。出现这个现象的主要原因，跟一线城市房价相似，即导致这种现象产生的可能原因主要在于：短期来看，利率上升，会造成消费者的购房成本提高，短期购房需求受到抑制，二线城市房价下降。但购房需求并没有真的减少，在经过一段时间的政策适应之后，之前被压制的购房需求得以释放，导致中期房地产价格开始上涨。但随着房价的不断上涨，政府不得不出手调控房价，加之前期购房需求得到释放，因而，随着调控升级，购房需求下降，利率对房价的影响又转为负向，但基于边际效应递减的原因，利率对房价的负向冲击效应逐渐减弱，直至消失。（2）以 M2 为主要代理变量的数量型货币政策对新房价格的影响，也较为复杂。在前 15 期，M2 对二线城市房价呈负向影响，自第 15 期之后，M2 对二线城市房价完全呈正向影响，一个单位的正向冲击，最多可导致二线城市房价上涨 0.037 个单位。但在 45 期后，M2 对二线城市房价长期保持微弱的正向影响。（3）非常规货币政策对二线城市房价的影响，同一线城市房价的影响类似，只是程度不同。MLF 对一线城市房价的影响，从图 5-2 可知，一个单位的 MLF 冲击在前 20 期，最大可导致 0.018 个单位的二线城市房价下降。但从 20 期至 45 期，MLF 对新房价格的影响呈负向效应，一个单位的 MLF 冲击，最大可导致 0.017 个单位的房价下降，45 期后影响逐渐归零。从图中，我们可以看出，PSL 对新房价格的影响，在前 15 期主要呈正向效应，即一个单位的 PSL 正向冲击最大可导致 0.017 个单位的房价上升。从第 15 期至 30 期，PSL 对二线城市房价主要呈负向效应的影响，虽周期较长，但影响程度较小，60 期后影响逐渐归零。出现这种现象的可能原因主要在于，PSL 自身的政策属性，即作为一种中期数量型工具，PSL 的增加意味着市场上货币供应量的增加，意味着购房需求的增加，有利于二线城市房价的增长。同时又作为引导中期利率化工具，又具有调控二线城市房价的作用。

（三）货币政策对三线城市房价的影响

1. 从图 5-3 的整体来看，货币政策对三线城市房价的影响较显著，其中，M2 与利率政策对三线城市房价的冲击幅度最大，特别是 M2 对三线城市房价具有长久而稳定的正向促进作用；PSL 与 MLF 政策对三线线城市房价的影响相对平缓。

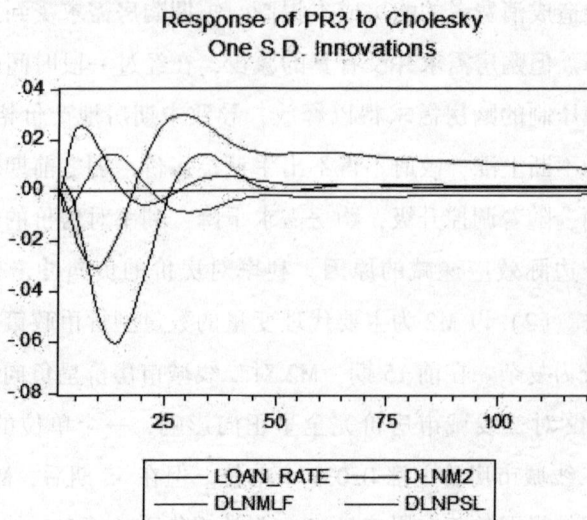

Response of PR3 to Cholesky
One S.D. Innovations

图 5-3　货币政策对三线城市房价的影响

2. 分别来看，（1）一个标准差的利率政策冲击，在前 30 期最多可导致 0.06 个单位的三线城市房价下降，在第 30 期到第 50 期，利率政策对房地产价格产生正向影响，于第 35 期达到最大影响值 0.01，至 50 期左右影响逐渐归零。（2）M2 政策在前 20 期对房价主要呈负向影响，于第 15 期达到最大值-0.06，第 20 期之后对房价产生正向影响，并于第 30 期达到最大影响值 0.03，此后，M2 对三线城市房价长期保持正向而稳定的影响。（3）PSL 政策在前 15 期，对三线城市房价主要呈正向影响，并于第 7 期左右到达最大值 0.025，15-30 期影响由正向转为负向，但程度不明显，第 30 期后又转为负向影响，但效果逐渐减弱，50 之后，影响逐渐趋于 0。（4）MLF 政策在 22 期之前，对三线城市房价主要呈正向影响，并于第 12 期达到最大值 0.017，22 期到 50 期，MLF 对三线城市房价主要呈负向影响，在 30 期时达到最大值-0.01，之后影响逐渐降低直至归零。

（四）货币政策对一线、二线与三线城市房价的影响总结

总的来说，货币政策对我国各线城市房价均存在较为显著的影响，利

率政策对房价的影响与 M2 对房价的总体影响，在方向上是相反的。同时，非常规货币政策工具对各线城市房价在影响方向上相似，只在影响程度与周期上有所不同。具体而言，（1）利率政策对各线城市房价的总体冲击效应较大，其中，利率政策对一线城市房价的正向冲击效益比其负向冲击效应更大，而在二线与三线城市正好相反，说明二线与三线城市房价对利率政策调控更加敏感。（2）M2 对二线与三线城市房价的冲击比一线城市更加剧烈，且对房价的正向刺激作用更强，影响更深远。也可以间接说明，二线与三线城市房价的波动至少有部分原因是由于流动性推动的。（3）非常规性货币政策对各线城市房价的冲击作用较为温和，也说明了非常规性货币政策可以作为稳定房价的重要补充手段，其中 MLF 政策对一线城市的房价冲击力度最小，PSL 政策对二线城市房价的冲击力度最小。（4）我国的货币政策工具对房地产价格具有显著影响，不同的政策工具对各线房价的影响是不尽相同的，需要因地制宜地进行具体分析。

三、稳健性检验分析

基于 FABVAR 模型方法对上述实证进行了稳健性检验分析，具体结果如图 5-4 所示。从图中可以看出，基于贝叶斯方法得出的各线城市房价对各货币政策工具的脉冲响应分析，总体与 FAVAR 模型所得结果相似。即总体而言，利率政策对各大中城市房价的冲击作用最大，尤其是其负向冲击作用；M2 对各线城市房价总体呈正向促进作用，尤其是二线与三线城市，M2 对其存在长期稳定的正向影响；非常规货币政策工具相比于常规型货币政策工具而言，对房价的调控效应较为温和，可以有效平缓常规型货币政策工具对各线城市房价的剧烈冲击作用，是常规货币政策工具的有效补充。

Response of PR1 to Cholesky
One S.D. Innovations

Response of PR2 to Cholesky
One S.D. Innovations

Response of PR3 to Cholesky
One S.D. Innovations

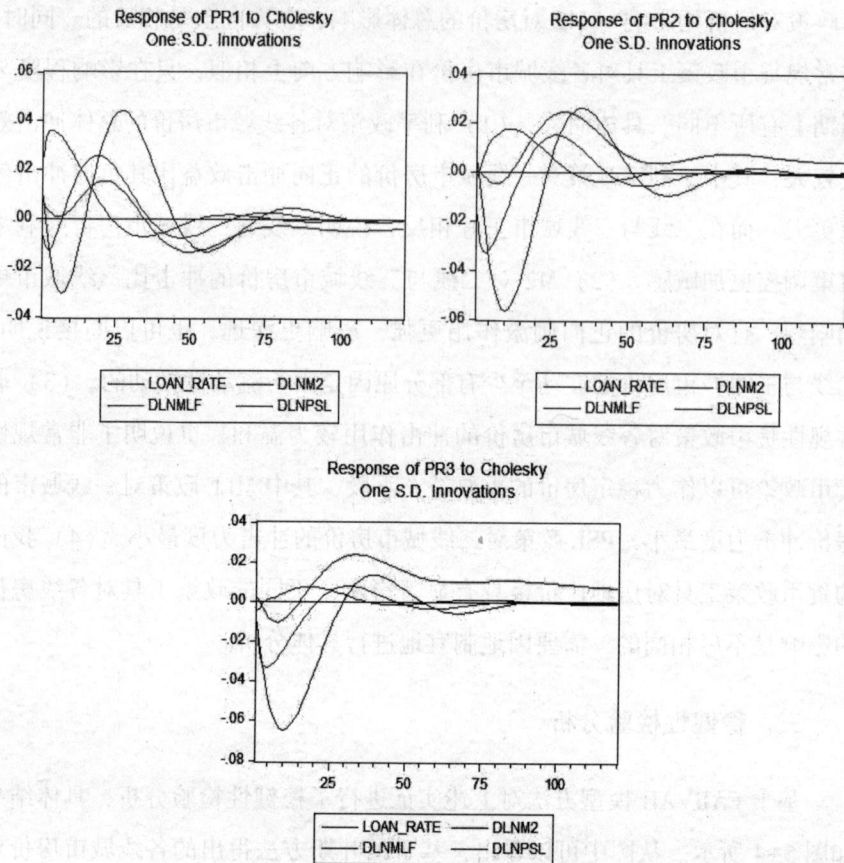

图5-4 FBVAR模型下各线城市房价对各货币政策工具的脉冲响应

四、方差分解分析

本书运用方差分解的方法分析了货币政策冲击对房地产价格的影响，并评价FAVAR模型的信息效度，结果如表5-3所示。表5-3的第三列展示了利率政策、M2、MLF以及PSL冲击对我国二手房与新房价格影响的方差分解结果，方差分解取第60期的值，其含义是各货币政策变量冲击对我国房地产价格波动中由共同因子解释部分的贡献度。由于本书把所有变量放于一个var中进行处理，因而，没有列出各个变量的R^2值。

表 5-3 方差分解结果

因变量	自变量	60 期（%）
一线城市房价	LOAN-R	3.204108
	M2	3.152367
	MLF	0.735663
	PSL	3.869827
二线城市房价	LOAN-R	5.341559
	M2	4.463097
	MLF	0.833818
	PSL	0.59658
三线城市房价	LOAN-R	6.953801
	M2	5.680006
	MLF	1.048986
	PSL	1.008454

注：第三列表示各货币政策冲击对各线城市房价影响的方差分解结果，取第 60 期值。

从方差分解的结果来看，各货币政策变量对各城市房价波动的贡献率在 0.5% 至 7.0% 之间，均值约为 3.1%。具体来看，各货币政策变量对一线城市、二线城市与三线城市房价波动贡献率的总体均值分别为 5.2%，4.5%，1.2% 和 1.8%，这说明货币政策可以解释部分房价波动，且对各线城市房价波动的影响存在差异性。对于一线城市房价而言，PSL 政策对其价格波动影响最大，其次是利率政策。但对于二线与三线城市房价而言，利率政策对其房价波动贡献最大，其次是 M2 政策，PSL 与 MLF 政策对二线与三线城市房价波动贡献较低。纵向来看，利率与 M2 政策对二线与三线城市房价的影响较大，尤其对三线城市房价波动贡献率最高，因此，货币政策对三线城市房价总体影响最大。所得结论与脉冲响应分析相近。因此，建议在一线城市多注意非常规货币政策工具，尤其是 PSL 政策对于平稳房价的有效作用，配合好利率政策与 M2 政策等实施，以实现稳定房价的目标；而对于二线与三线城市而言，要注重利率政策与 M2 政策作用的发挥，做好稳定二线与三线房价工作。此外，R^2 的结果是 0.896，说明 FAVAR 模型的拟合效果较好，同时也说明 FAVAR 模型中的共同因子可以充分捕捉经济信息，从而能较好地解释各线城市房价的变动。

本章小结

房地产对于城市居民的生活意义重大。房地产因其特殊属性——既有居住消费属性，又有投资金融属性，因此，既是居民财富的重要储存手段，也承载着经济增长的重要使命。2008 年的金融危机给世界各国敲响了警钟，对于房价的过快上涨可能造成的对金融和经济的消极影响，需要给予充足的关注。因此，房地产价格波动是否应该被纳入央行的关注范围，货币政策是否应该关注或者干预房地产价格波动，近年来，成为学者们研究的重点之一。为合理分析与解决这些问题，基于货币政策的宏观性，以及考虑到影响房地产价格波动的宏观因素较多等问题，本书利用了 Bernanke et al.（2005）提出的因子增广的向量自回归模型（简称 FAVAR 模型），基于一线城市、二线城市与三线城市房地产价格数据，从常规与非常规政策角度，分别分析对我国房地产价格的影响。

通过脉冲响应分析，本书得出如下研究结论：总的来说，货币政策对我国各线城市房价均存在较为显著的影响，利率政策对房价的影响与 M2 对房价的影响，在方向上是相反的。同时，非常规货币政策工具对各线城市房价在影响方向上相似，只在影响程度与周期上有所不同。具体而言，（1）利率政策对各线城市房价的总体冲击效应较大，其中，利率政策对一线城市房价的正向冲击效益比其负向冲击效应更大，而在二线与三线城市正好相反，说明二线与三线城市房价对利率政策调控更加敏感。（2）M2 对二线与三线城市房价的冲击比一线城市更加剧烈，且对房价的正向刺激作用更强，影响更深远。也可以间接说明，二线与三线城市房价至少有部分原因是由于流动性增加推动的。(3) 非常规性货币政策对各线城市房价的冲击作用较为温和，也说明了非常规性货币政策可以作为稳定房价的重要补充手段，其中 MLF 政策对一线城市的房价冲击力度最小，PSL 政策对二线城市房价的冲击力度最小。(4) 我国的货币政策工具对房地产价格具有显著影响，不同的政策工具对各线房价的影响是不尽相同的，需要因地制宜地进行具体分析。此外，从稳健性检验分析与 R^2 的结果来看，本书所构建的 FAVAR 模型，拟合效果较好，也说明 FAVAR 模型中的共同因子可以充分捕捉经济信息，从而能较好地解释各线城市房地产价格变动。

第六章

经济不确定性下货币政策对房地产价格的影响研究

当前，我国正经历经济发展的新常态时期，也是经济向高质量发展的转型期。如何维护经济的可持续健康发展，有效抵御外生冲击，成为摆在我国经济发展面前的艰巨任务。宏观经济稳定发展的前提与基础，是各国民经济部门的平稳健康发展，而一度作为我国经济支柱产业的房地产业，在为经济建设做出重要贡献的同时，在发展中也蕴含了一些问题。为此，需要国家利用相关政策进行有效调控。在众多调控政策中，货币政策是调控房地产价格的重要手段，应该积极发挥其作用。货币政策的有效实施，受到诸多因素的影响，在当前空前复杂的国际国内形势下，经济不确定性对货币政策的影响尤为显著。基于房地产行业的特殊地位，以及当前越来越不确定的国际与国内经济环境，研究经济不确定性下货币政策对房地产价格的调控效应，具有重要的理论与现实意义。

第一节 理论分析

货币政策会影响房地产价格波动，已经成为大部分学者的研究共识。

近年来，基于 M2、基准利率、存款准备金率等常规货币政策工具对房地产价格的影响研究非常丰富。随着我国经济进入新常态时期，经济转型升级压力增大，不确定性增加，作为调节宏观经济重要工具的货币政策也变得越来越重要。而货币政策的传导效率直接影响着政府调节宏观经济的效用，只有顺畅的货币政策传导渠道才能有效地调节宏观经济，为我国的经济高质量发展提供重要保障。而随着经济不确定性的变化，货币政策传导渠道的传导效率在发生变化，对于房地产价格的调控效应也在发生变化。从已有研究来看，房地产开发商出于谨慎投资的考量，在高不确定性下会有减少房地产投资开发的趋向，从而在一定时期内有降低房地产供应的趋势。而房地产消费者鉴于经济不确定性导致的收入与消费的不确定性，出于平滑消费和资产避险的需求，在短期内会有降低购房需求的趋势；但在中长期，会有释放购房需求，保存资产价值，以应对更大不确定性冲击的需求，因而，最终会导致房地产价格在中长期呈增长态势。本书将基于门限向量自回归模型，就不同经济不确定性下货币政策对房地产价格的调控效应进行详细分析，以明确不同不确定性水平下，货币政策如何更好地相机抉择，提升调控效应。

第二节　研究设计

一、模型构建

为了研究不同经济不确定性下货币政策对房地产价格的调控效应，本书采用门限向量自回归模型（TVAR），以详细研究高经济不确定性下与低经济不确定性下，货币政策对我国房地产价格的影响。模型具体为：

$$Y_t = A^1 Y_t + B^1(L) Y_{t-1} + (A^2 Y_t + B^2(L) Y_{t-1}) I(C_{t-d} > \gamma) + U_t \quad (6-1)$$

其中，Y_t 是一个包含房地产价格、货币政策与经济不确定性的指标向量。$B^1(L)$ 和 $B^2(L)$ 是滞后多项式矩阵，而 U_t 是结构扰动。C_{t-d} 是决定系统处于哪个状态的阈值变量（本书指经济不确定性），γ 是阈值，当 $C_{t-d} > \gamma$ 时，表示经济处于高不确定性状态，当 $C_{t-d} \leq \gamma$ 时，表示经济处于低不确定性状态。$I[C_{t-d} > \gamma]$ 是一个指示函数，当 $C_{t-d} > \gamma$ 时取值为 1，当 $C_{t-d} \leq \gamma$ 时取值为 0。

从式（6-1）可以看出，不仅滞后多项式会随着区间的变化而变化，内生变量同期相关系数 A^1 和 A^2 也同样会发生改变。按照 Balke（2000）的假设，A^1 和 A^2 存在一种递归结构，这种递归结构并不特意针对内生变量进行排序。由于门限值 γ 是未知的，此时需要进行非标准推理。为了检验门限效应，需要考虑所有可能的门限值，并利用最小二乘方法对相应的门限模型进行估计。本书设定原假设为两个区制的参数估计值不存在差异，即 $A^2 = B^2(L) = 0$，并且采用 wald 统计量对每个可能的门限值进行假设检验，同时采用 Hansen 提出的模拟方法，来进行推断，最后得出的门限值满足残差的对数行列式最小。本书采用四种货币政策工具作为货币政策的代理变量，构建了一个 TVAR 模型。

二、数据选取与说明

本书构建的门限结构向量自回归模型中所包含的变量有：房地产价格、货币政策以及经济不确定性。经济不确定性采用本书在前述章节中所构建的经济不确定性指数作为代理变量，记为 EU。对于房地产价格，本书将 70 个大中城市分为一线城市、二线城市与三线城市，选用这些城市的二手房住宅价格指数当月同比数据作为代理变量，分别记为 Pr1、Pr2 与 Pr3。货币政策则选择常规货币政策工具和非常规货币政策工具来作为代理变量，分别为货币供给量、利率、中期借贷便利以及抵押补充贷款。其中，利率选用 chibor 即中国银行间同业拆借利率来衡量，记为 R；货币供给量选用 M2 期末同比增速，记为 M2；中期借贷便利记为 MLF，抵押补充贷款记为 PSL，且数据取对数化处理。由于 PSL 和 MLF 推出时间较晚，故 PSL 的样本区间设定为 2015 年 5 月到 2019 年 12 月，MLF 的样本区间为

2014 年 9 月到 2019 年 12 月，其余样本区间设定为 2010 年 1 月到 2019 年 12 月，且都为月度数据。以上所有数据均来自 wind 数据库和 CSMAR 数据库。各变量描述性统计，具体见表 6-1。

表6-1 主要变量描述性统计

Variable	Obs	Mean	Std. Dev	Min	Max
Pr1	120	3.616817	4.013814	−7.9	13.3
Pr2	120	3.424167	3.807666	−5.2	10.5
Pr3	120	3.341359	3.919137	−6.1	11.7
EU	120	1.176584	0.7282908	0.2832525	3.221962
R	120	3.487931	1.101381	1.6012	8.1353
M2	120	12.71767	3.732829	8	25.98
MLF	64	28,841.41	16,310.56	3,800.00	53,830.00
PSL	56	24,341.79	9,296.16	6,459.00	35,979.00

三、单位根检验

为避免出现伪回归现象，本书首先对各数据进行 ADF 单位根检验，详细检验结果如表 6-2 所示。从表 6-2 可以看出，部分数据是非平稳的，但经过一阶差分处理后变为平稳数据，因此，本书选取的所有数据均满足一阶单整。

表6-2 各变量 ADF 检验结果

	(C, T, L)	ADF	5%临界值	结论
Pr1	(1, 0, 5)	−3.3945	−2.89004	平稳
Pr2	(1, 0, 1)	−2.94499	−2.88893	平稳

	(C, T, L)	ADF	5%临界值	结论
Pr3	(1, 1, 1)	−3.49684	−3.45276	平稳
EU	(1, 0, 1)	−2.9343	−2.8892	平稳
R（取一阶差分）	(1, 0, 1)	−4.6243	−2.8892	平稳
M2（取一阶差分）	(1, 1, 4)	−6.67078	−3.45447	平稳
MLF（取一阶差分）	(1, 1, 0)	−7.27452	−3.45276	平稳
PSL（取一阶差分）	(1, 1, 0)	−14.6107	−3.45276	平稳

注：（C, T, L）表示检验式中是否包含常数项、趋势项及滞后阶数。

四、门限效应检验

完成对相关数据变量的单位根检验之后，本书将对模型进行至关重要的门限效应检验。参照 Balke（2000）的做法，本书将模型中的变量设置为一阶滞后，将经济不确定性指数 EU 的滞后一阶设置为门限变量，接着利用 Wald 统计量对模型进行门限效应检验。门限检验结果如表 6-3 所示。

表 6-3　门限效应检验结果

门限值 γ	sub-wald	avg-wald	exp-wald
1.022282	586.11（000）	434.23（000）	289.96（000）

从表 6-3 可见，本模型存在一个显著门限效应，说明经济不确定性对货币政策调控效应确实存在影响。借助这个门限值，可以把我国经济不确定性划分为高不确定性区间与低不确定性区间，具体如图 6-1 所示。接下来就不同经济不确定性对货币政策调控房价的效应进行详细分析与说明。

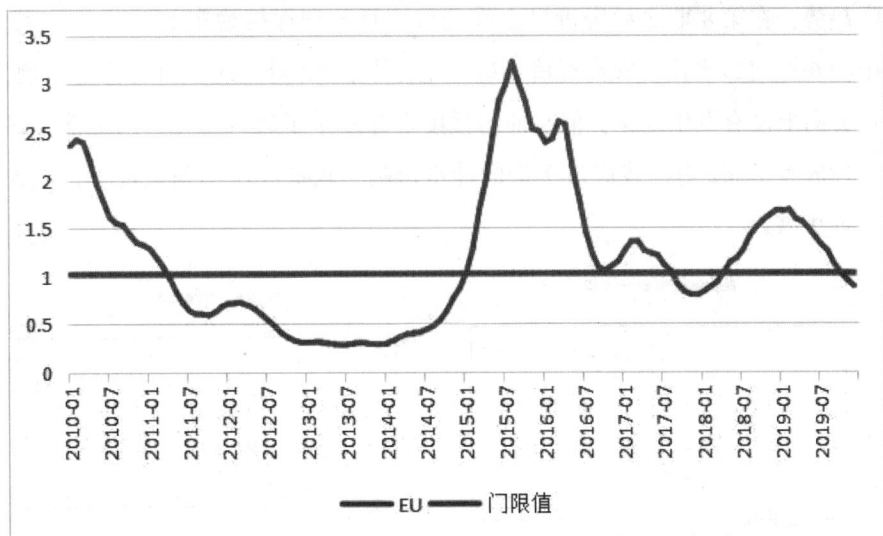

图 6-1 经济不确定性及其门限值

第三节 实证分析

本书将采用累积的广义脉冲响应函数来研究常规货币政策工具与非常规货币政策工具，在不同经济不确定性程度下对房地产价格的调控效应。之所以采用广义脉冲效应分析的主要原因在于，一方面可以不用考虑各变量之间的顺序，另一方面可以更准确地刻画出各变量之间的关系。本书首先分析不同经济不确定性下常规货币政策工具对房地产价格的调控效应。

一、经济不确定性下常规货币政策对房价的脉冲响应

（一）经济不确定性下货币供应量（M2）对房地产价格脉冲响应分析

1. 从纵向上来看，（1）由图 6-2 可以看出，在低经济不确定性下，当给定正向 M2 的标准差冲击时，一线城市房价在第 8 期之前呈微弱的下降趋势，在第 8 期之后房价呈上涨趋势，且长期保持稳定的正相关关系。由图 6-3 可以看出，在高经济不确定定性下，M2 对一线城市房价的影响，在方向上没有发生变化，但在冲击强度上却发生了较大变化。高经济不确定性放大了 M2 对一线城市房价的冲击影响，较低经济不确定性下，放大了近 2 倍。

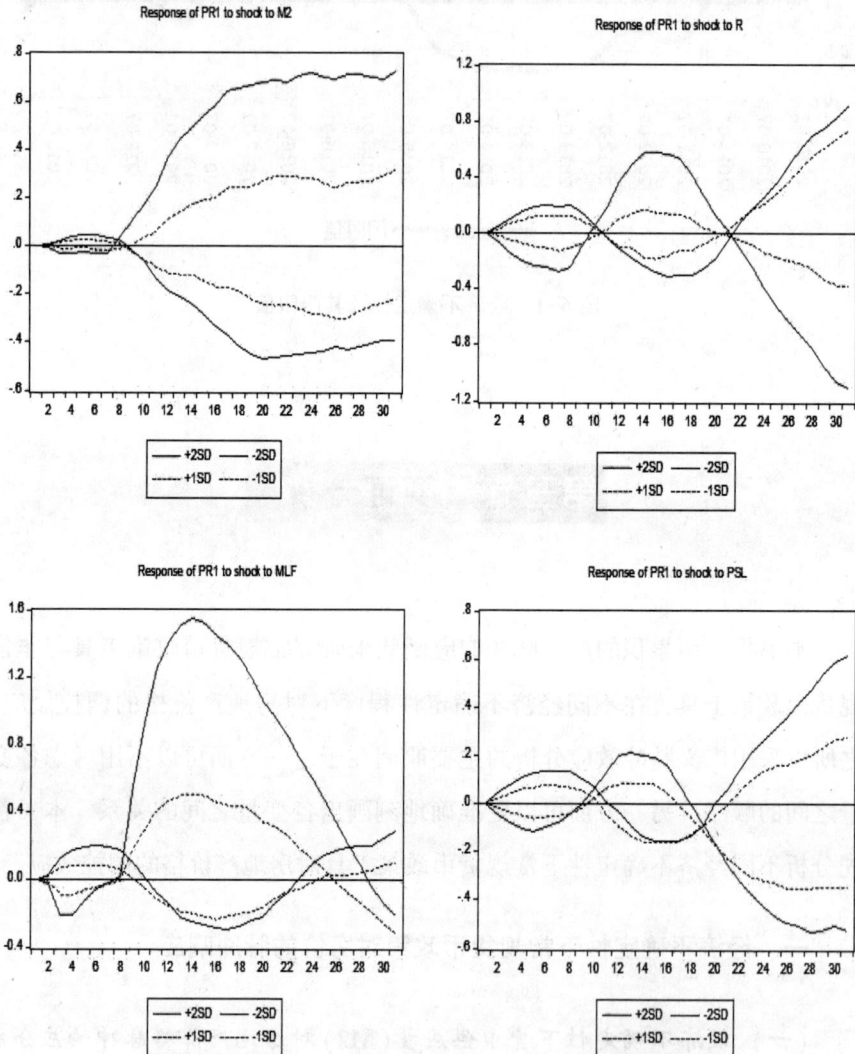

图 6-2　低不确定性下 M2 对一线城市房价的影响

Response of PR1 to shock to M2

Response of PR1 to shock to R

Response of PR1 to shock to MLF

Response of PR1 to shock to PSL

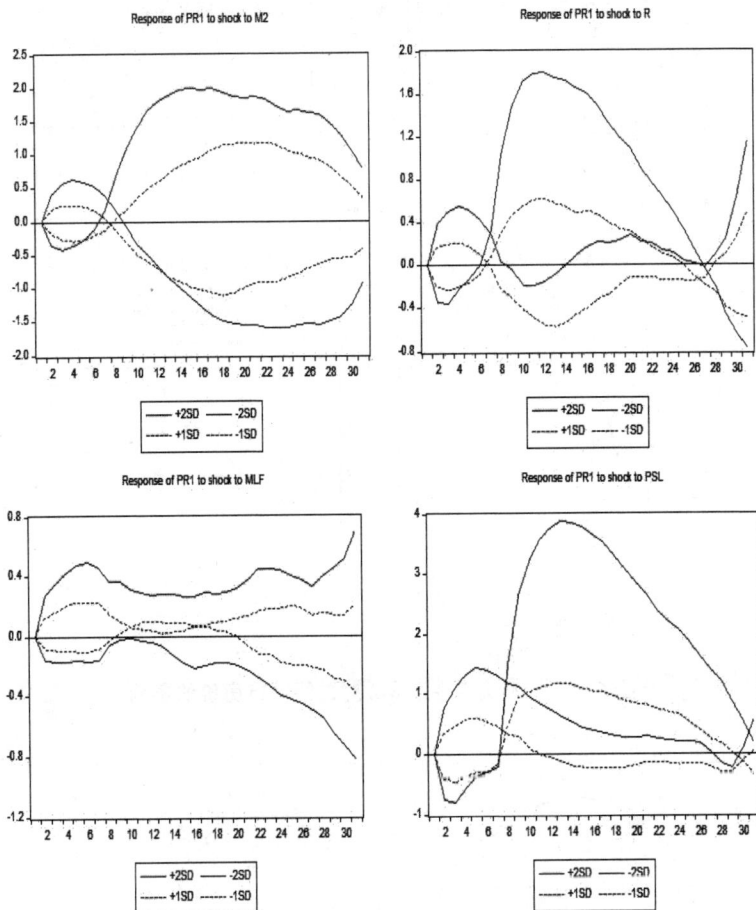

图 6-3　高不确定性下 M2 对一线城市房价的影响

（2）由图 6-4 可以看出，在低经济不确定性下，货币供应量 M2 的正向标准差冲击在前 9 期会导致房价最多可下降 0.03 个单位，在第 9 期之后，M2 的正向冲击促进房价上涨，最高可导致 0.4 个单位的房价上涨，且对房价长期呈促进作用。由图 6-5 可以看出，在高经济不确定性下，M2 的正向冲击在前 7 期都会导致二线城市房价下降，最多可导致 0.3 个单位的房价下跌。在第 7 期之后，高经济不确定性对房价最多可导致 1.3 个单位的上涨，由此可以看出，高经济不确定性下 M2 对二线城市房价的冲击效应较低经济不确定性下被放大达 3.25 倍。

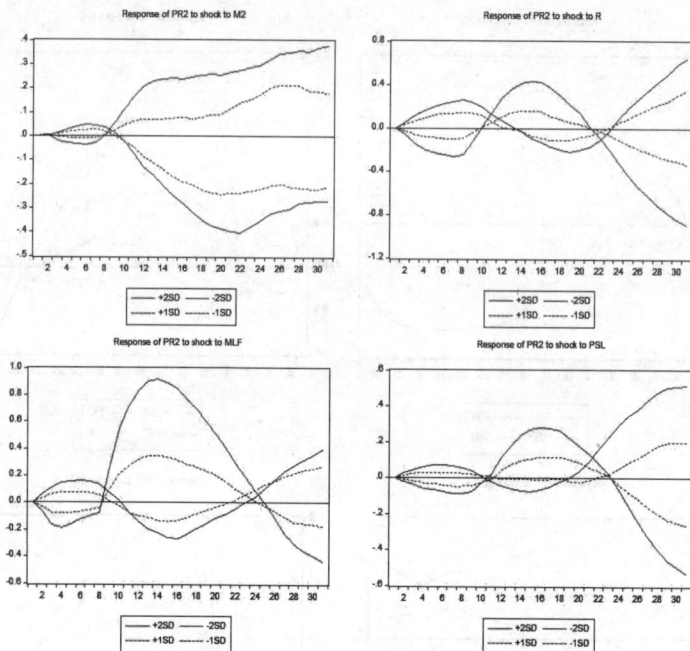

图 6-4　低不确定性下 M2 对二线城市房价的影响

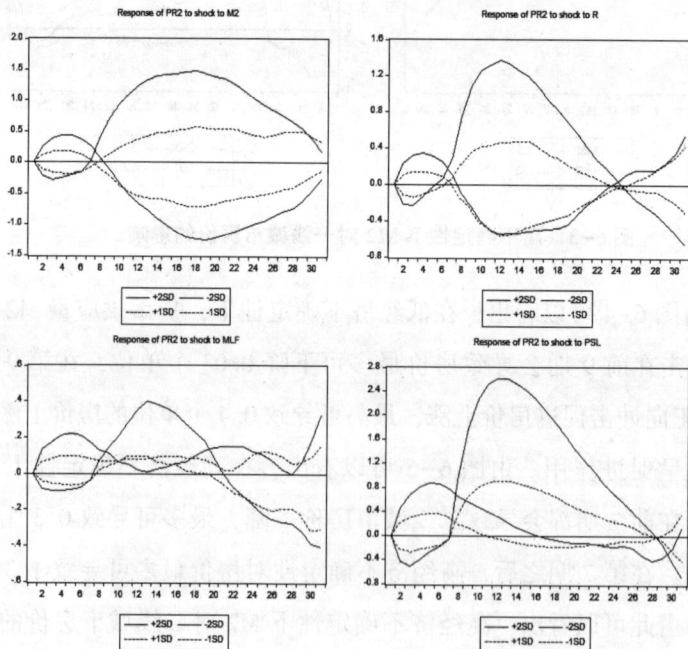

图 6-5　高不确定性下 M2 对二线城市房价的影响

（3）如图 6-6 所示，在低经济不确定性水平下，M2 的标准正向冲击在前 7 期最多可导致三线城市房价下降 0.02 个单位，在第 8-22 期之间，最多可导致三线城市房价上涨 0.4 个单位。图 6-7 显示，在高经济不确定性下，M2 的正向冲击在前 7 期，最多可导致房价下降 0.3 个单位，在第 8-25 期之间，最多可导致 0.8 个单位的房价上涨。因此，高经济不确定性会放大 M2 对三线城市的调控效应。

综上所述，从纵向来看，M2 对二线城市的调控效应在高经济不确定性下，被放得最大，其次是一线城市，最后是三线城市。

2. 横向来看，在低经济不确定性下，M2 对一线城市房价的调控效应最大，对二线与三线城市的调控效应相近；在高经济不确定性下，M2 的调控效应从大到小依次为一线城市房价、二线城市房价，最后是三线城市房价。

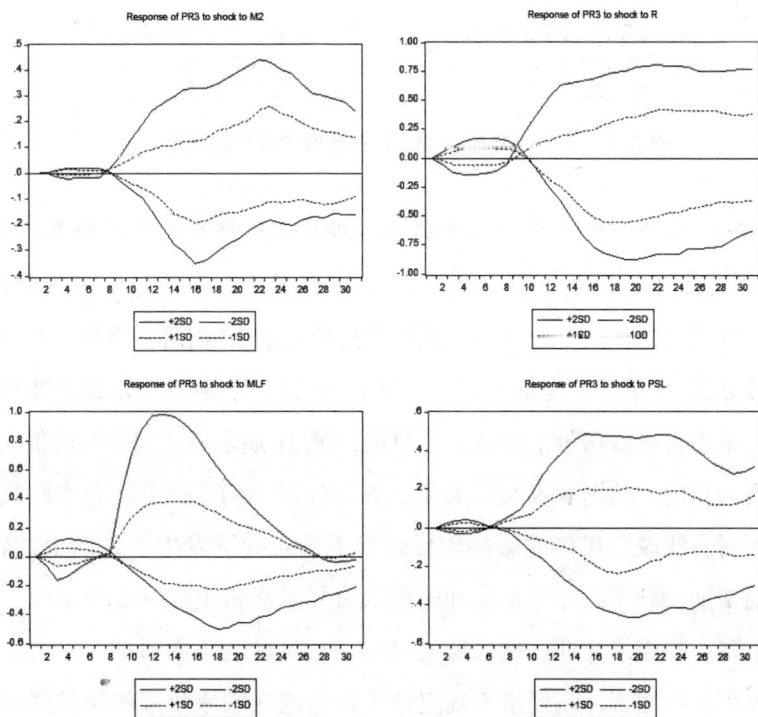

图 6-6 低不确定性下 M2 对三线城市房价的影响

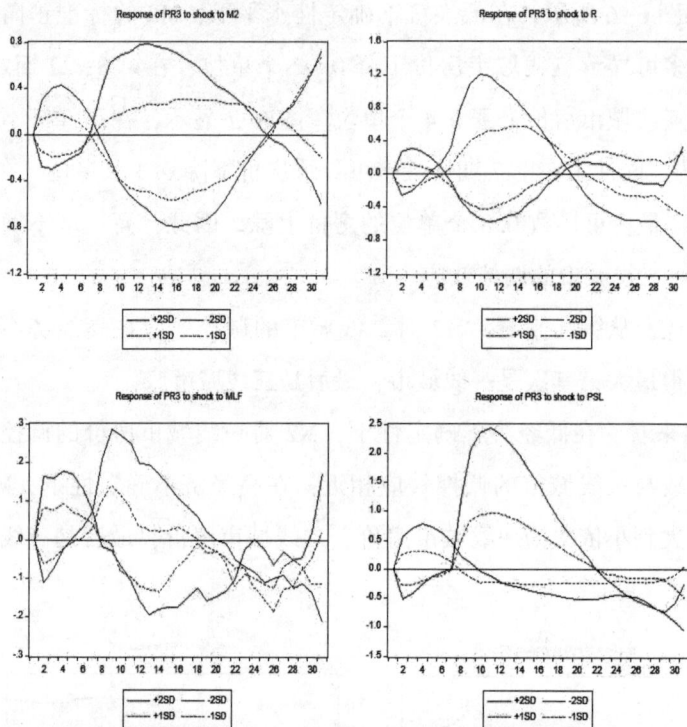

图 6-7　高不确定性下 M2 对三线城市房价的影响

（二）经济不确定性下利率政策（chibor）对房地产价格脉冲响应分析

1. 从纵向上来看，（1）由图 6-8 可以看出，在低经济不确定性下，利率的标准正向冲击，会导致一线城市房价在前 10 期呈下降趋势，且最多可导致 0.35 个单位的房价下跌。在第 10 至 21 期，利率对房价主要呈正向影响，最多可导致房价上涨 0.5 个单位，第 21 期之后，利率对房价的影响再次转为负向。从图 6-9 可以看出，在高经济不确定性下，利率政策的正向冲击对一线城市房价的影响较低经济不确定性下发生了方向上的转变，即在前 7 期，利率的标准正向冲击最大可导致房价上涨 0.5 个单位，随后房价下降，并于第 8 期达到最低值-0.2，后又转为正向影响。总之，对于一线城市房价而言，高经济不确定性不仅会改变利率政策的调控强度，更会改变利率政策的调控方向。

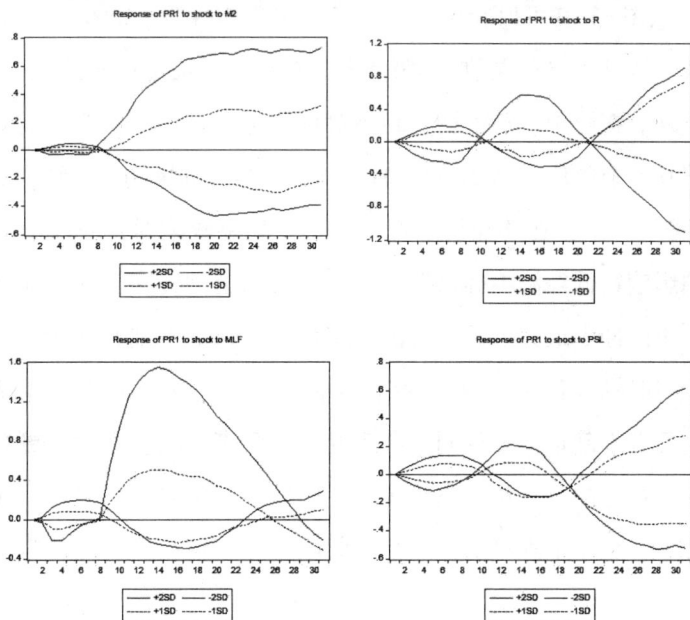

图 6-8　低不确定性下利率对一线城市房价的影响

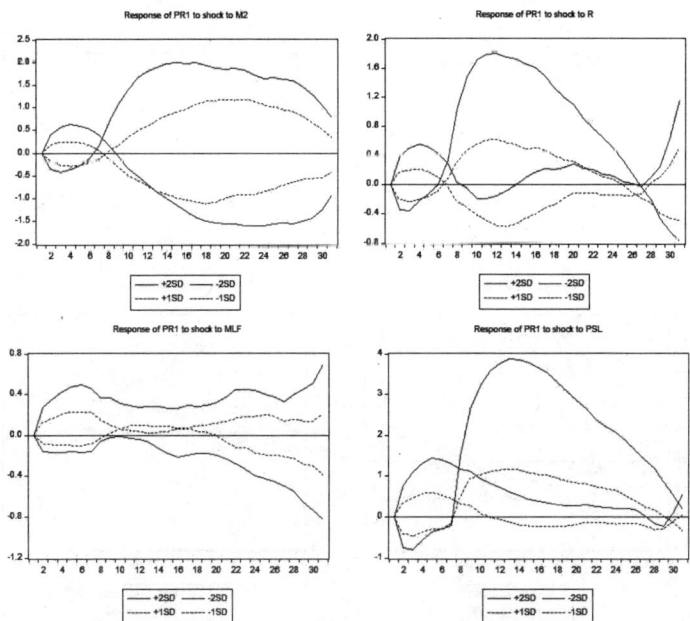

图 6-9　高不确定性下利率对一线城市房价的影响

（2）从图 6-10 可以看出，在低经济不确定性下，利率的标准正向冲击会导致二线城市房价在前 10 期呈下降趋势，且最多可导致 0.35 个单位的房价下跌。在第 10 至 21 期，利率对房价主要呈正向影响，最多可导致房价上涨 0.4 个单位，第 21 期之后，利率对房价的影响再次转为负向。从图 6-11 可以看出，在高经济不确定性下，利率政策的正向冲击对二线城市房价的影响较低经济不确定性下发生了方向上的转变，即在前 7 期，利率的标准正向冲击最大可导致房价上涨 0.35 个单位，随后房价下降，并于第 12 期达到最低值 -0.6，后又转为正向影响。总之，对于二线城市房价而言，高经济不确定性不仅同样会改变利率政策的调控强度，更会改变利率政策的调控方向。且从利率政策的正向冲击与负向冲击来看，在高经济不确定性下，利率下降对房价的正向刺激作用，较利率上涨对房价负向作用更强。

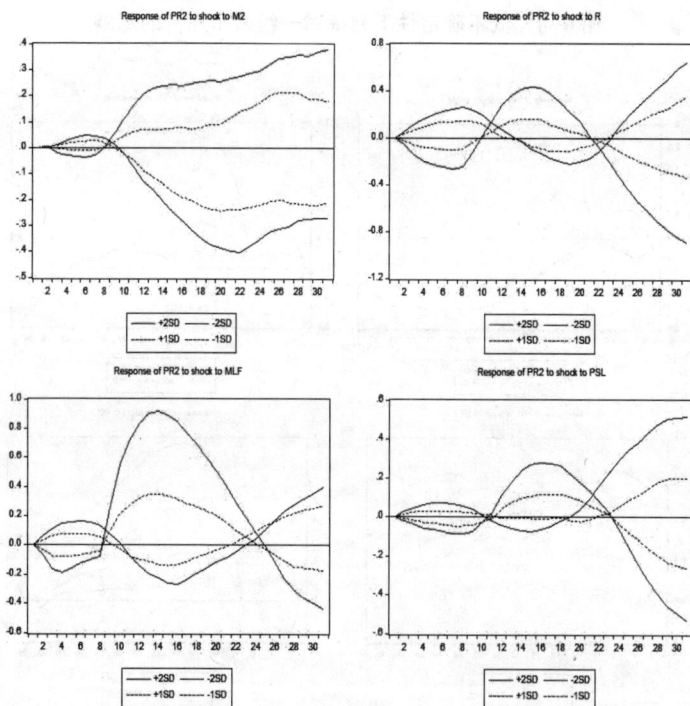

图 6-10 低不确定性下利率对二线城市房价的影响

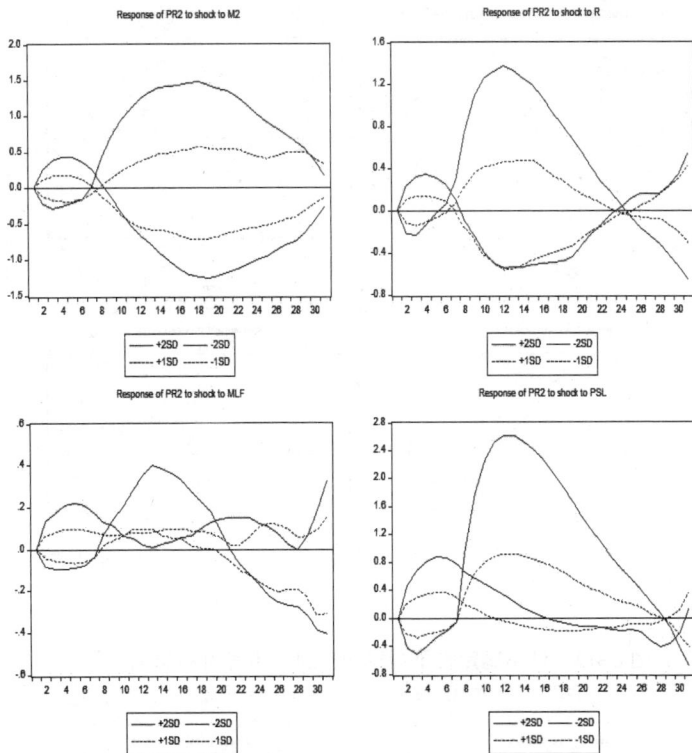

图 6-11 高不确定性下利率对二线城市房价的影响

（3）从图 6-12 可以看出，在低经济不确定性下，利率的标准正向冲击会导致三线城市房价在前 8 期呈下降趋势，且最多可导致 0.15 个单位的房价下跌。在第 8 期之后，利率对房价主要呈正向影响，最多可导致房价上涨 0.75 个单位。从图 6-13 可以看出，在高经济不确定性下，利率政策的正向冲击对三线城市房价的影响较低经济不确定性下发生了方向上的转变，即在前 7 期，利率的标准正向冲击最大可导致房价上涨 0.35 个单位，随后房价下降，并于第 11 期达到最低值 -0.6，后又转为正向影响。总之，对于三线城市房价而言，高经济不确定性不仅会改变利率政策的调控强度，更会改变利率政策的调控方向。且从利率政策的正向冲击与负向冲击来看，在高经济不确定性下，利率下降对房价的正向刺激作用，较利率上涨对房价的负向作用更强。

Response of PR3 to shock to M2

Response of PR3 to shock to R

Response of PR3 to shock to MLF

Response of PR3 to shock to PSL

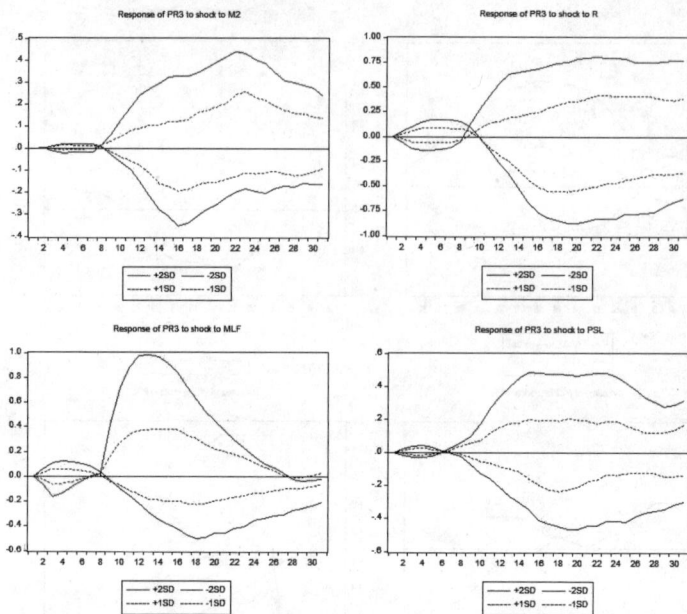

图 6-12　低不确定性下利率对三线城市房价的影响

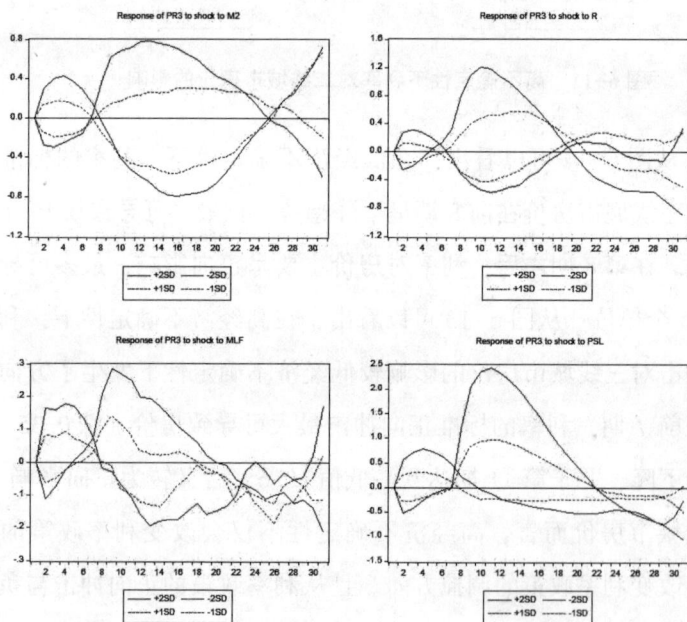

Response of PR3 to shock to M2

Response of PR3 to shock to R

Response of PR3 to shock to MLF

Response of PR3 to shock to PSL

图 6-13　高不确定性下利率对三线城市房价的影响

2. 从横向上来看，利率政策在低经济不确定性区间，对一线城市与二线城市房价的调控效应相近，对三线城市房价的调控效应最低。在高经济不确定性下，利率政策对一线城市的调控效应最强，对二线城市与三线城市的调控效应相近。

二、经济不确定性下非常规货币政策对房价的脉冲响应

（一）经济不确定性下中期借贷便利（MLF）对房地产价格的脉冲响应分析

1. 纵向上来看，（1）如图 6-14 所示，在低经济不确定性下，MLF 的正向标准差冲击，会导致一线城市房价在前 7 期，最多可下降 0.2 个单位，在第 8-28 期，最多可导致 1.5 个单位房价上涨，随后转为负向影响；且正负向冲击呈非对称性，MLF 对房价的正向冲击效应强于对房价的负向冲击效应。如图 6-15 所示，在高经济不确定性下，MLF 的正向标准差冲击会导致房价长期处于稳定增长趋势。说明高经济不确定性下，MLF 对一线城市房价的调控效应产生了重要影响。

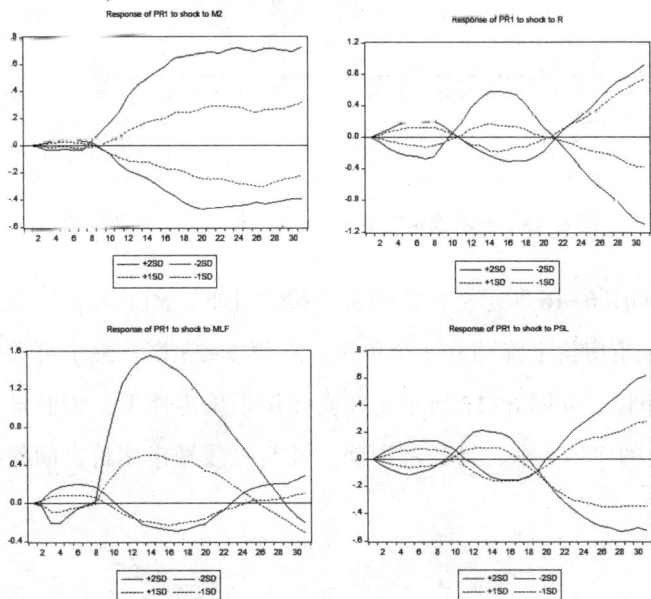

图 6-14　低不确定性下 MLF 对一线城市房价的影响

Response of PR1 to shock to M2

Response of PR1 to shock to R

Response of PR1 to shock to MLF

Response of PR1 to shock to PSL

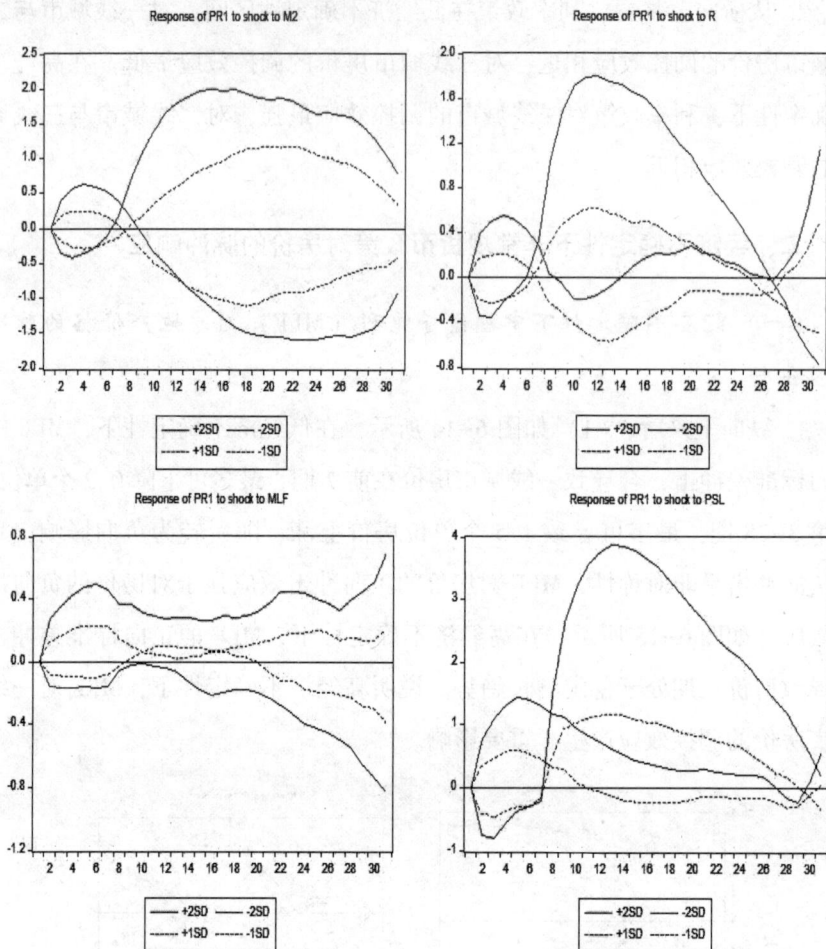

图 6-15　高不确定性下 MLF 对一线城市房价的影响

（2）如图 6-16 所示，在低经济不确定性下，MLF 在前 8 期，最多可导致二线城市房价下降约 0.2 个单位，在第 9-25 期，最多可导致房价上涨 0.9 个单位。如图 6-17 所示，在高经济不确定性下，MLF 最多可导致 0.4 个单位的房价上涨，且经济不确定性与二线城市房价之间保持长期的正相关关系。

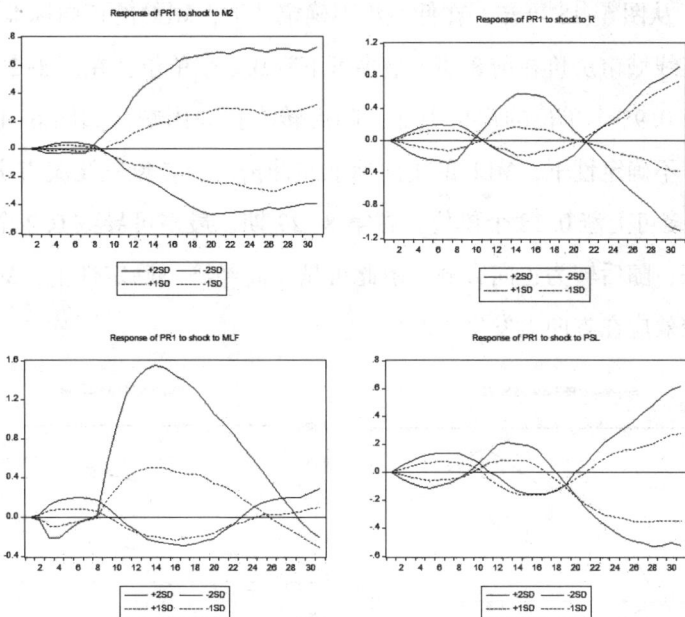

图 6-16　低不确定性下 MLF 对二线城市房价的影响

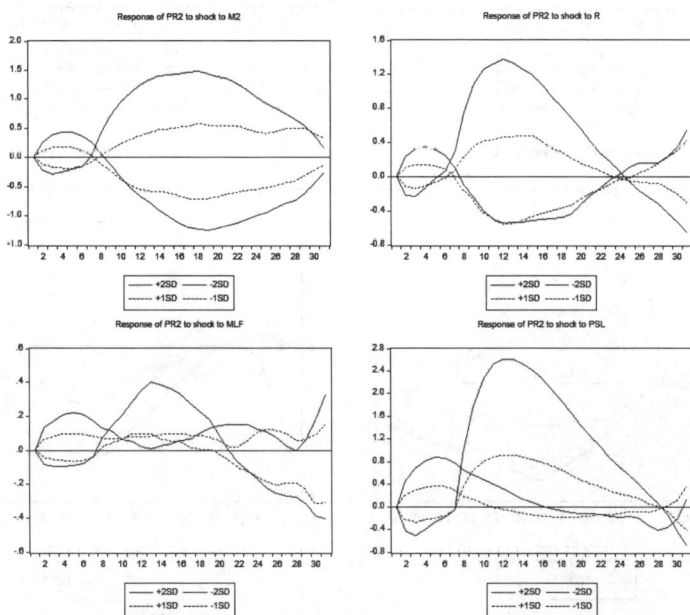

图 6-17　高不确定性下 MLF 对二线城市房价的影响

（3）从图6-18可知，在低经济不确定性下，MLF的正向标准差冲击，会导致三线城市房价在前8期，最多可下降0.2个单位，在第8-27期，最多可导致0.95个单位的房价上涨，随后转为负向影响。如图6-19所示，在高经济不确定性下，MLF的正向标准差冲击，会导致三线城市房价在前7期，最多可上涨0.18个单位，在第8-29期，最多可导致0.2个单位的房价下跌，随后转为正向影响。由此可见，高经济不确定性下，MLF对房价的调控效应在方向上发生了改变。

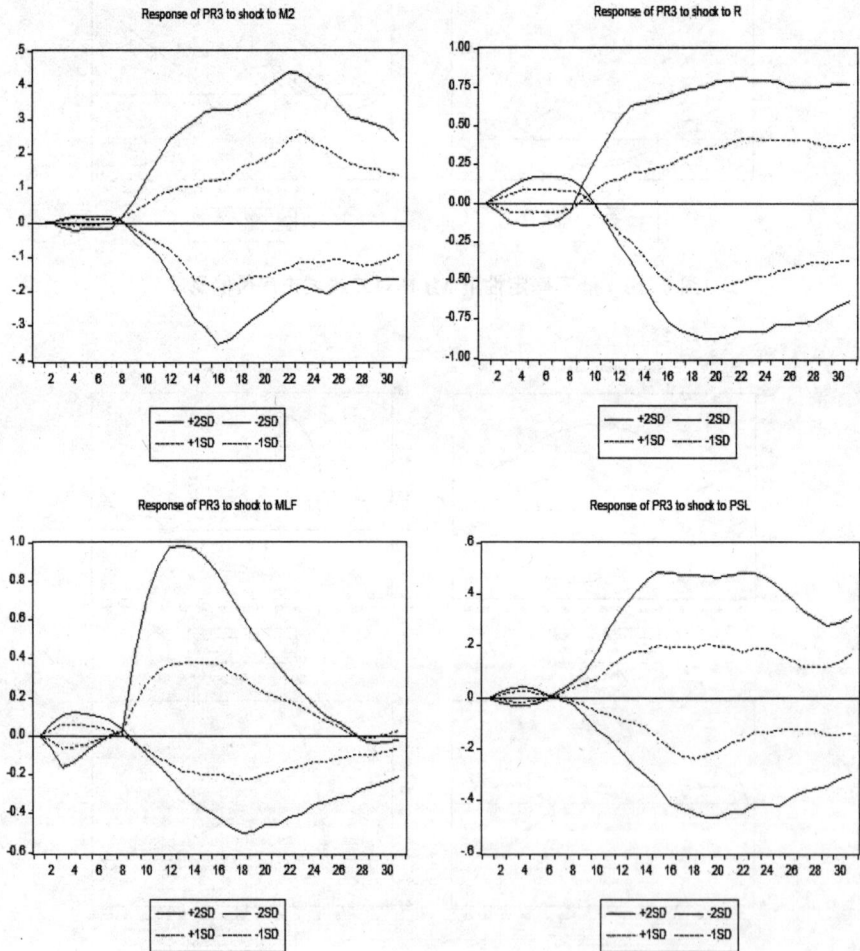

图6-18 低不确定性下MLF对三线城市房价的影响

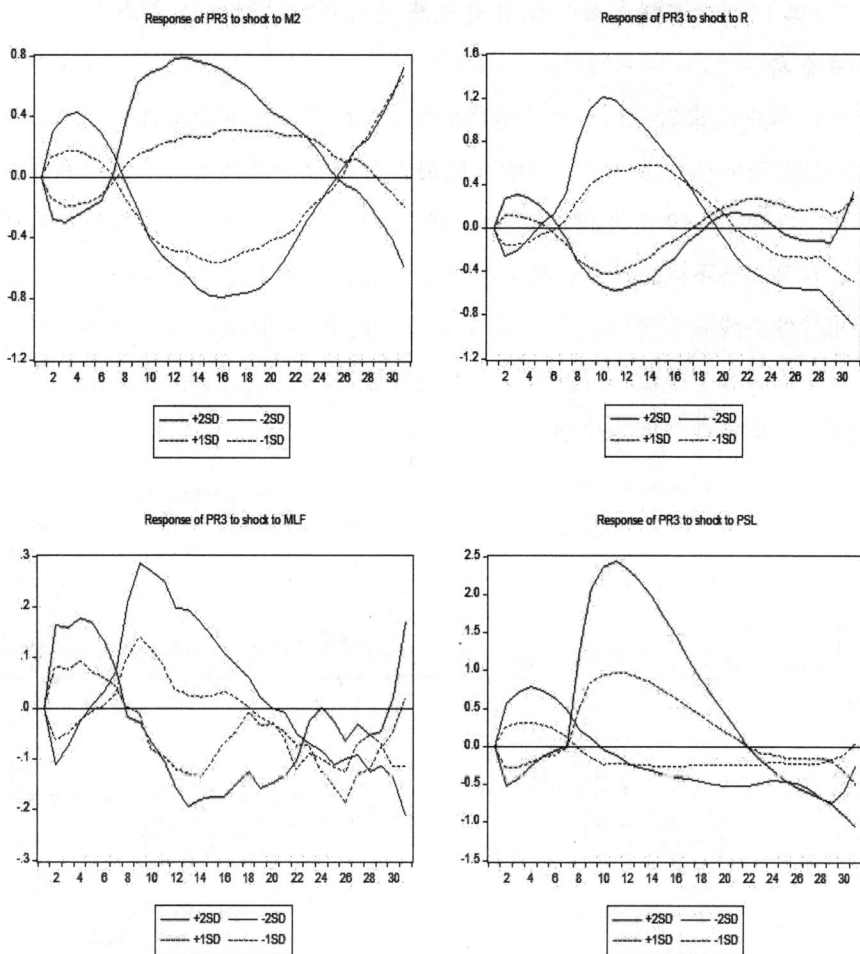

图 6-19　高不确定性下 MLF 对三线城市房价的影响

2. 横向上来看，在低经济不确定性下，MLF 政策对二手房价格具有较强的调控效应，对新房价格影响不够显著。在高经济不确定性下，MLF 政策对新房与二手房价格的调控效应相近，差异不大，也就是说，在高经济不确定性下，MLF 政策对二手房与新房价格的调控都是有效的。

（二）经济不确定性下抵押补充贷款（PSL）对房地产价格的脉冲响应分析

1. 纵向上来看，（1）如图6-20所示，在低经济不确定性下，抵押补充贷款的正向标准差冲击，在前9期最多可导致一线城市房价下降0.1个单位，在第10-19期之间，最多可导致房价上涨0.2个单位。如图6-21所示，在高经济不确定性下，抵押补充贷款的正向标准差冲击，在前7期最多可导致一线城市房价下降0.81个单位，在第7-30期之间，最多可导致房价上涨3.8个单位，可见高经济不确定性对一线城市房价的冲击效应较低经济不确定性强度明显增大。

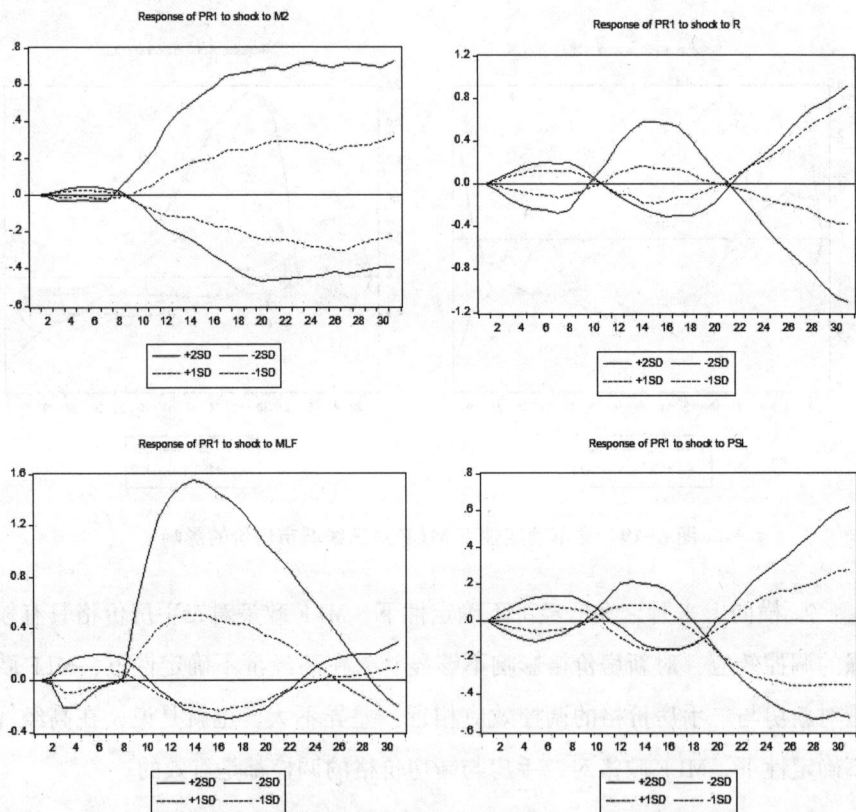

图6-20 低不确定性下 PSL 对一线城市房价的影响

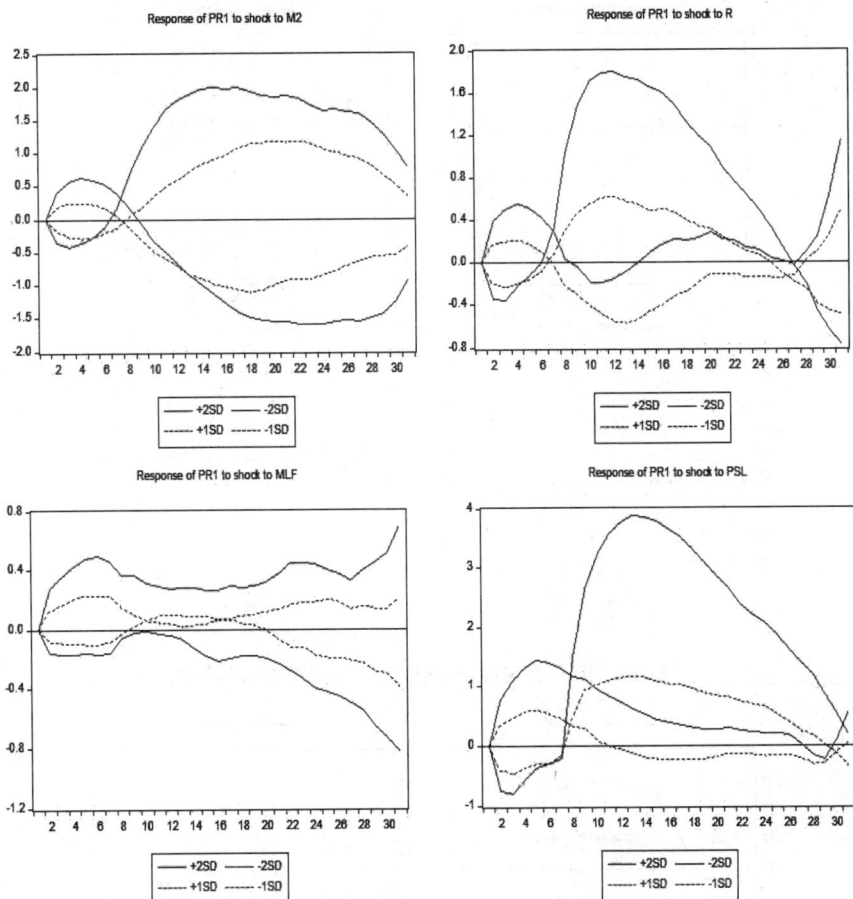

图 6-21　高不确定性下 PSL 对一线城市房价的影响

（2）如图 6-22 所示，在低经济不确定性下，抵押补充贷款的正向标准差冲击，在前 8 期最多可导致一线城市房价下降 0.1 个单位，在第 10-19 期之间，最多可导致房价上涨 0.3 个单位。如图 6-23 所示，在高经济不确定性下，抵押补充贷款的正向标准差冲击，在前 7 期最多可导致一线城市房价下降 0.5 个单位，在第 7-28 期之间，最多可导致房价上涨 2.6 个单位，可见高经济不确定性对一线城市房价的冲击效应较低经济不确定性强度明显增大。

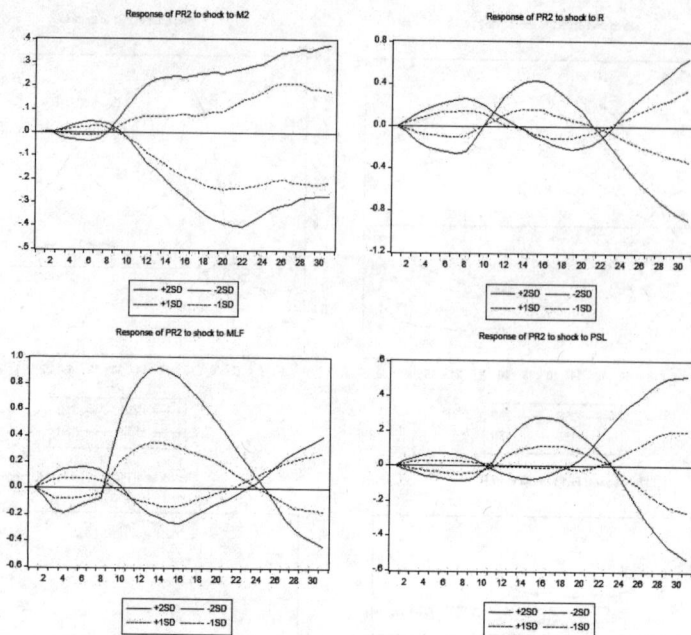

图 6-22　低不确定性下 PSL 对二线城市房价的影响

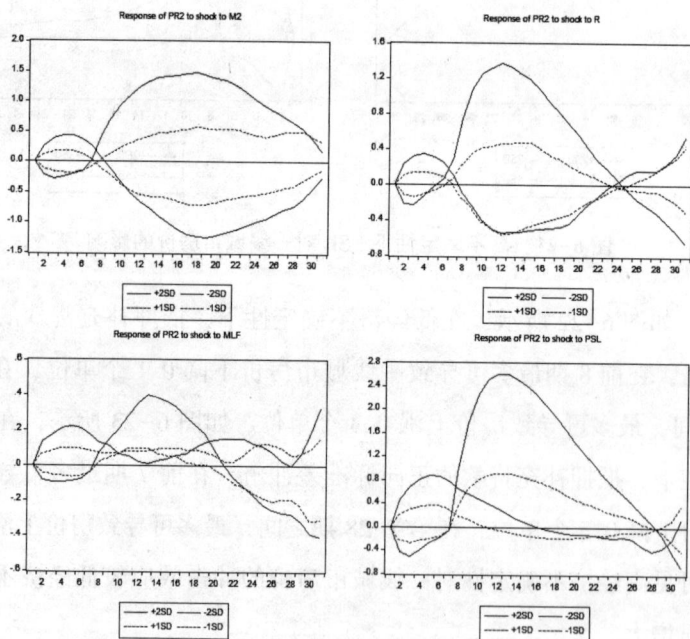

图 6-23　高不确定性下 PSL 对二线城市房价的影响

（3）如图 6-24 所示，在低经济不确定性下，抵押补充贷款的正向标准差冲击，在前 7 期最多可导致三线城市房价下降 0.05 个单位，在第 8 期之后，最多可导致房价上涨 0.5 个单位。如图 6-25 所示，在高经济不确定性下，抵押补充贷款的正向标准差冲击，在前 7 期之前，最多可导致一线城市房价下降 0.5 个单位，在第 8-30 期之间，最多可导致房价上涨 2.4 个单位，可见高经济不确定性对三线城市房价的冲击效应较低经济不确定性下，强度明显加大。且 PSL 在高经济不确定性下，正向冲击效应与负向冲击效应呈非对称状态，正向冲击效应更强。也就是说，PSL 对三线城市房价主要起促进作用。

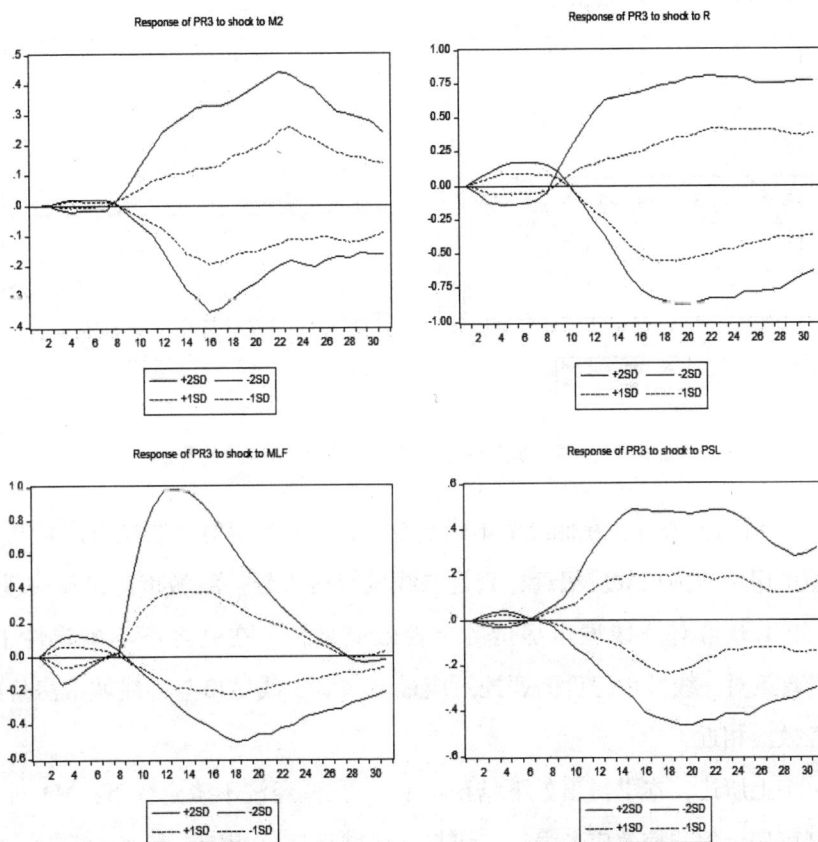

图 6-24　低不确定性下 PSL 对三线城市房价的影响

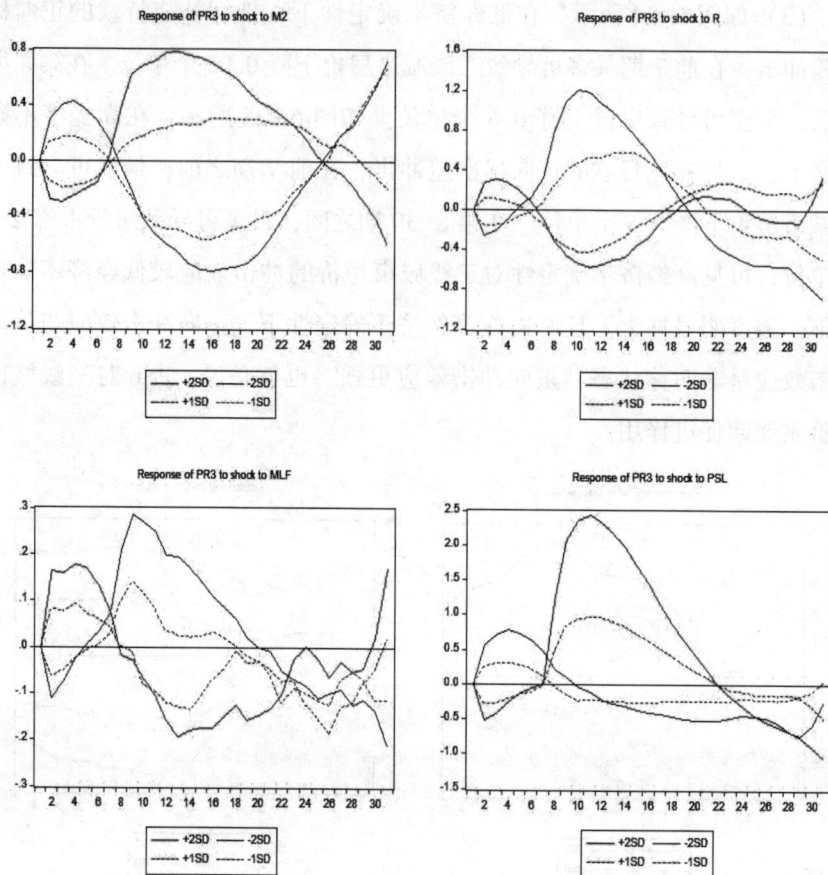

图 6-25　高不确定性下 PSL 对三线城市房价的影响

2. 横向上来看，在低经济不确定性下，PSL 政策对一线城市房价与二线城市房价的调控效应相近，只是二线城市房价较一线城市房价反应慢 2 期，PSL 政策对三线城市房价的调控效应最低。在高经济不确定性下，PSL 政策对一线城市房价的调控效应最强，对二线城市与三线城市房价的调控效应相近。

综上所述，本书得出如下结论：（1）在低经济不确定性下，M2 对一线城市房价的调控效应最强，二线与三线城市房价相近；利率政策对一线城市与二线城市的调控效应相近，对三线城市的影响最弱；MLF 政策总体上看，对一线城市最强，其次是三线城市房价，最后是二线城市；PSL 政策对一线城市房价调控效应最强，其次是二线城市，最后是三线城市。
（2）在高经济不确定性下，M2 对一线城市房价的调控效应最强，二线城市其次，最后是三线城市；与低经济不确定性下相比，利率政策对所有城市房价的调控效应方向发生改变，在调控强度上，对二线与三线城市房价的总体调控效应相近，对一线城市房价调控效应最弱。MLF 政策在总体上对三线城市房价调控较为有效，对一线城市和二线城市房价主要起促进作用。PSL 政策对一线城市房价调控效应最强，其次是二线城市，最后是三线城市。（3）各货币政策工具，在低经济不确定性与高经济不确定性下，其对房价的正向冲击效应与负向冲击效应大多处于非对称状态。（4）经济不确定性水平对货币政策调控效应的发挥具有重要影响，且对一线、二线与三线城市房价的影响存在异质性。

本章小结

宏观经济稳定发展的前提与基础，是各国民经济部门的平稳健康发展，而一度作为我国经济支柱产业的房地产业，在为经济建设做出重要贡献的同时，在发展中也蕴含了一些问题。房地产价格随着经济发展水平的不断上升而上涨，其中不乏价格泡沫的滋生，一方面导致投机房产成风，大量国民财富囤积于房地产中，挤占了居民消费和企业投资，对经济增速和经济结构产生重要影响；另一方面，因房地产市场较为单一的融资结构，快速上涨的房价也增加了我国银行系统的信贷风险，从而威胁到整个金融系统的稳定。为此，需要国家利用相关政策进行有效调控。在众多调控政策中，货币政策是调控房地产价格的重要手段，应该积极发挥其作用。货币政策的有效实施，受到诸多因素的影响，在当前空前复杂的国际国内形势下，经济不确定性对货币政策的影响尤为显著。基于房地产行业的特殊地位，以及当前越来越不确定的国际与国内经济环境，研究经济不确定性下货币政策对房地产价格的调控效应，具有重要的理论与现实意义。因此，本章采用门限向量自回归模型，将经济不确定性划分为高不确定性区间和低不确定性区间，同时将货币政策划分为常规货币政策和非常规货币政策，以研究不同经济不确定性下各种货币政策工具对房价的调控效应。研究结果如下：

（1）在低经济不确定性下，M2 对一线城市房价的影响最强，对二线与三线城市房价的影响相近；利率政策对一线城市与二线城市的调控效应相近，对三线城市的影响最弱；MLF 政策总体上看，对一线城市房价影响最强，其次是三线城市，最后是二线城市；PSL 政策对一线城市房价调控效应最强，其次是二线城市，最后是三线城市。（2）在高经济不确定性下，M2 对一线城市房价的调控效应最强，二线城市其次，最后是三线城市；与低经济不确定性下相比，利率政策对所有城市房价的作用方向发生了改变，在调控强度上，对二线与三线城市房价的总体调控效应相近，对一线城市房价调控效应最弱。MLF 政策在总体上对三线城市房价调控较为有效，对一线城市和二线城市房价主要起促进作用。PSL 政策对一线城市房价调控效应最强，其次是二线城市，最后是三线城市。（3）各货币政策工具，在低经济不确定性与高经济不确定性下，其对房价的正向冲击效应与负向冲击效应大多都处于非对称状态。（4）经济不确定性水平对货币政策调控效应的发挥具有重要影响，且对一线、二线与三线城市房价的影响存在异质性。（5）基于实证研究结果表明，在不同的经济不确定性水平下，考虑到不同城市对于不同货币政策工具的调控反应不同，因此，需要采用有针对性的调控政策，以实现有效稳定房价的目标。例如在低经济不确定性下，利率政策对二线与三线城市的房价调控更为有效，MLF 政策对三线城市房价调控更加有效；在高经济不确定性下，PSL 在短期对一线城市房价调控更为有效，M2 在短期对各大中城市房价调控较为有效，中长期对降低房价无效等。

研究结论与
政策建议

一、主要结论

本书主要围绕着经济不确定性、货币政策与房地产价格三者之间的关系与联动机制进行了深入研究。通过相应理论与实证分析，得到以下主要结论：

第一，通过构建中国经济不确定性指数，并通过与 EPU 指数（经济政策不确定性指数）、VIX 波动指数对比发现：其一，我国在 2005 年 1 月至 2019 年 12 月期间，共经历了两次经济高不确定性时期，一次是 2008 年期间，另一次是 2015 年期间。其二，EPU 指数是对政策不确定性的拟合，因存在时间的滞后性与指标选取的主观性，以及代表的是政策的不确定性，因而，并不适合作为经济不确定性的代理指标进行相关研究与分析。其三，VIX 波动指数因是发达国家成熟资本的产物，因此，并不能作为以中国为首的发展中国家的经济"晴雨表"，因此，VIX 波动指数同样不适合作为在以中国为首的发展中国家的经济不确定性代理指标来进行相关分析。其四，通过借鉴 Jurado et al.（2015）的方法，测算得出的中国经济不确定性指数，与诸如产出、消费、投资、进出口乃至就业等宏观经济变量均表现为负相关关系，从实证角度证明了本书所构建的经济不确定性指数具有逆周期性，能较好地拟合我国经济不确定性状况。

第二，研究经济不确定性对房地产价格的影响及其区域异质性时发现，经济不确定性对我国房地产价格存在一个非线性门限效应的影响，即在低经济不确定性水平下，随着不确定性指数的逐渐提高，经济不确定性与房地产价格之间呈负相关关系；但在高经济不确定性水平下，经济不确定性与房地产价格之间呈正相关关系。此外，通过将我国70个大中城市划分为一线、准一线、二线和三线城市，从供给和需求的角度对各大中城市的房地产价格进行了进一步的实证研究，以确认经济不确定性对各线城市房地产价格影响的区域异质性。研究结果表明，长期来看，经济不确定性会降低房地产开发商的投资额，增加居民的购房意愿，从而促进房地产价格上涨。研究还发现，一线城市房地产价格的上涨，主要来自于房地产开发商投资的减少而导致的供应紧张；准一线、二线与三线城市房地产价格的上涨，主要来自于中长期需求方购买意愿的不断增加。从70个大中城市经济不确定性对房地产价格的影响来看，基本验证了前文的经济不确定性对我国房地产价格整体的非线性影响的结论，也从供需角度证明了经济不确定性在短期会对房地产价格产生轻度负向冲击（以准一线、二线与三线城市为主要表现），但在中长期会对房地产价格产生正向冲击，且经济不确定性对各城市房地产价格增长的贡献率最高。总之，在高经济不确定性下，居民出于避险需求，"不得已"选择房地产作为"避险资产"，致使房价中长期呈现上涨趋势。

第三，基于货币政策的宏观性，以及考虑到影响房地产价格波动的宏观因素较多等问题，本书利用了Bernanke et al.（2005）提出的因子增广的向量自回归模型（简称FAVAR模型），基于商品房二手房与新房价格数据，从常规与非常规政策角度，分别分析了其对我国房地产价格的影响。总的来说，（1）货币政策对我国各线城市房价均存在较为显著的影响，利率政策对房价的影响与M2对房价的影响，在方向上是相反的。（2）二线与三线城市房价对利率政策调控更加敏感。（3）M2对二线与三线城市房价的冲击比一线城市更加剧烈。（4）非常规性货币政策对各线城市房价的冲击作用较为温和，可以作为稳定房价的重要补充手段。此外，从稳健性检验分析与 R^2 的结果来看，本书所构建的 FAVAR 模型，拟合效果较好，也说明 FAVAR 模型中的共同因子可以充分捕捉经济信息，从而能较好地解释各线城市房地产价格变动。

第四，通过利用门限向量自回归模型，将经济不确定性划分为高不确定性区和低不确定性区间，同时将货币政策划分为常规货币政策与非常规货币政策，以研究不同经济不确定性下，各货币政策工具对房地产价格的调控效应。结果表明：常规与非常规货币政策在调控房价时，均受到来自经济不确定性的影响。经济不确定性程度的高低，会明显影响各货币政策工具对房价的调控效应。其中，（1）在低经济不确定性下，M2 对一线城市房价的调控效应最强，二线与三线城市房价的调控效应相近；利率政策对一线城市与二线城市的调控效应相近，对三线城市的影响最弱；MLF 政策总体上看，对一线最强，其次是三线城市，最后是二线城市；PSL 政策对一线城市房价调控效应最强，其次是二线城市，最后是三线城市。（2）在高经济不确定性下，M2 对一线城市房价的调控效应最强，二线城市其次，最后是三线城市；与低经济不确定性下相比，利率政策对所有城市房价的影响在方向上发生了改变，在调控强度上，对二线与三线城市房价的总体调控效应相近，对一线城市房价调控效应最弱。MLF 政策在总体上对三线城市房价调控较为有效，对一线城市和二线城市房价主要起促进作用。PSL 政策对一线城市房价调控效应最强，其次是二线城市，最后是三线城市。（3）各货币政策工具，在低经济不确定性与高经济不确定性下，其对房价的正向冲击效应与负向冲击效应大多处于非对称状态。（4）经济不确定性水平对货币政策调控效应的发挥具有重要影响，且对一线、二线与三线城市房价的影响存在异质性。（5）基于实证研究结果表明，在不同的经济不确定性水平下，考虑到不同城市对于不同货币政策工具的调控反应不同，因此，需要采用有针对性的调控政策，以实现有效稳定房价的目标。

第五，结合第五章与第六章的理论与实证分析，可以得出，在不考虑经济不确定性的情况下，常规货币政策与非常规货币政策对调控房价具有显著的有效性。在考虑了经济不确定性之后，货币政策对房地产价格在不同的不确定性水平下，呈现出不同的调控效应。也进一步说明，经济不确定性不仅对我国房地产价格波动具有直接的溢出效应，还会通过影响货币政策的调控效应来间接影响房价波动。

二、政策建议

在经济不确定性不断加剧的背景下，本书所得研究结论对于优化货币政策调控房地产价格，提升货币政策调控的有效性，具有重要的理论与现实意义。基于主要研究结论，本书提出如下政策建议：

第一，不能简单地以某个单一指标来判断我国宏观经济状况与不确定性水平，比如经济政策不确定性指标与股市波动率指标等。而应密切关注基于大量实体经济宏观信息测度得出的经济不确定性指数，并以此为认知基础与政策制定背景指标。从而为合理地把握我国宏观经济状况与经济不确定性水平，以及为有针对性地制定更为科学的房价调控政策与实施方案而努力。

第二，尽可能增加信息透明度与信息传播效率，合理引导公众预期。基于本书对经济不确定性的定义，主要在于人们对于经济发展不确定性的感知水平，换句话说就是人们对经济发展的认知与预期的不确定性。由于信息不对称以及信息传播的效率损失等原因，在经济遭遇不确定性冲击时，人们通过相关渠道快速收集信息，并做出判断形成相应预期，并指挥进一步的决策与行动。如果，政府或者相关市场主体，信息传播不及时或者不透明，势必影响人们对真实全面信息的收集，也就会影响接下来的一系列决策与行为，导致人们对经济预期的把控越来越难，从而进一步约束了人们的投资与消费行为等，造成经济的剧烈波动。因此，政府应当尽可能地增加相关信息的透明度与信息传播效率，引导公众做好及时合理的预期反应，从而尽可能地减少经济不确定性冲击对房地产价格波动的影响。

第三，因城施策，"一城一策"。中国是个幅员辽阔的国家，"一方水土养一方人"，每个城市的地理位置、建设发展特色、在国际国内的产业定位、人口情况、总体经济发展水平等都不尽相同，这也就导致了不同城市的房地产市场在遭受经济不确定性冲击时，其房价波动情况以及对经济的影响机理等，都是不尽相同的。因此，在对各城市的房地产市场进行调控时，需要做的就是"因城施策"，并尽可能做到"一城一策"，这样才能更好地发挥各政策工具对各城市房价的有效调控效应，实现房地产市场的稳定发展目标。

第四，基于我国各大中城市，尤其是一线城市与二线城市、三线城市房地产价格，在面对经济不确定性冲击时的不同反应，其背后更深层次的原因，在于经济不确定性对各线城市房地产的供给与需求的作用机理不同。因此，在对各城市的房地产市场进行调控之时，要重点从供给与需求两个方面去考量，做到供给与需求"两手抓"，通过其综合作用，实现稳定房价的目标。

第五，政府在进行相关政策制定之时，尽可能保持政策的连贯性与稳定性。这样一方面有助于公众形成较为稳定的预期，帮助他们"以不变应万变"的态度，减少不确定性对人们生产与生活的冲击；另一方面，经济政策不确定性也是属于经济不确定性的一部分，频繁多向的政策变动，本身也会带来经济波动，引致经济不确定性水平上升。因此，在进行相关政策制定时，尽可能保证政策实施的连贯与稳定。

第六，政府在制定调控房地产价格的货币政策时，应当将经济不确定性程度作为重要考量指标，在此基础上，注重建设利率"市场化"的长效机制，发挥价格型货币政策对调控房价的长期效应。还要注意发挥非常规货币政策工具对调控房价的重要作用，在谨慎考虑经济不确定性程度下，有的放矢地制定房地产价格的调控政策。

第七，注意打好货币政策调控的"组合拳"。通过一系列实证研究我们发现，在不考虑经济不确定性的情况下，不同的货币政策工具对房地产价格的调控效应是不同的；而在考虑了经济不确定性的情况下，其对货币政策调控房价的效应发挥产生了重要影响。虽然在实证研究中，都表明了利率政策是最为有效的调控房地产价格的政策手段，但在不同的经济不确定性下，其余的货币政策工具对二手房价格与新房价格的调控效应各有优劣。因此，在进行货币政策调控时，应考虑经济不确定性水平，结合不同政策工具的影响程度与时效长短，通过精心搭配的"组合拳"，来发挥货币政策对稳定房地产价格的有效作用。

第八，本书的研究主旨是经济不确定性对房地产价格的非线性影响，以及在经济不确定性下货币政策对房地产价格的调控效应。虽然主要研究了一种经济政策——货币政策对房地产价格的影响，但并不排斥政府再采取其他政策配合货币政策使用。比如通过采用相应的财政政策、宏观审慎监管以及其他行政政策等来配合货币政策的实施，来提升对房地产价格调控的有效性。

参考文献

[1] 白霜. 房地产价格的决定因素分析—中国 31 个地区面板 1 数据的实证研究 [J]. 财经问题研究, 2008 (8)：107-110.

[2] 曾永昌. 论土地市场的政府垄断 [J]. 社会科学研究, 2002 (4)：27-33.

[3] 车欣薇, 郭琨, 李斌, 王珏. 中国金融中心城市房地产价格与银行信贷的关系 [J]. 系统工程理论与实践, 2011 (4)：663-671.

[4] 陈斌开, 金箫, 欧阳涤非. 住房价格, 资源错配与中国工业企业生产率 [J]. 世界经济, 2015 (04)：77-98

[5] 陈创练, 戴明晓. 货币政策, 杠杆周期与房地产市场价格波动 [J]. 经济研究, 2018 (9)：52 67.

[6] 陈国进, 张润泽, 姚莲莲. 政策不确定性与股票市场波动溢出效应 [J]. 金融经济学研究, 2014 (5)：70-99.

[7] 陈健, 高波. 非线性视角下的中国房地产财富效应的测度研究——基于 1996-2008 年省际面板数据的分析 [J]. 广东金融学院学报, 2010 (5)：25-38.

[8] 陈健, 高波. 收入差距, 房价与消费变动——基于面板数据联立方程模型的分析 [J]. 上海经济研究, 2012 (2)：53-62.

[9] 陈日清. 中国货币政策对房地产市场的非对称效应 [J]. 统计研究,

2014 (6): 33-41.

[10] 陈长石, 刘晨晖. 棚户区改造, 非常规货币政策与房地产价格 [J]. 财贸经济, 2019 (7): 143-159.

[11] 陈钊, 陈杰, 刘晓峰. 安得广厦千万间: 中国城镇住房改革的回顾与展望 [J]. 世界经济文汇, 2008 (1): 47-58.

[12] 成秋明, 高云峰. 银行信贷与房地产价格的关系——中国省级面板数据的实证分析 [J]. 投资研究, 2011 (8): 72-78。

[13] 丛树海, 张源欣. 财政政策的顺周期实施效应特征与基本成因 [J]. 经济学动态, 2018 (6): 30-42.

[14] 崔光灿. 房地产价格与宏观经济互动关系实证研究——基于我国 31 个省份面板数据分析 [J]. 经济理论与经济管理, 2009 (1): 14-25.

[15] 丁晨, 屠梅曾. 论房价波动下抵押贷款理性违约风险管理策略阴 [J]. 上海管理科学, 2007 (4): 87-96.

[16] 段梅. 经济政策不确定性会影响货币政策有效性吗——基于信贷渠道的视角 [J]. 当代财经, 2017 (06): 18-27.

[17] 段忠东, 曾令华, 黄泽先. 房地产价格波动与银行信贷增长的实证研究 [J]. 金融论坛, 2007 (2): 21-29.

[18] 段忠东. 房地产价格与通货膨胀, 产出的关系—理论分析与基于中国数据的实证检验 [J]. 数量经济技术经济研究, 2007 (12): 127-139.

[19] 高波, 王斌. 中国大中城市房地产需求弹性地区差异的实证分析田 [J]. 当代经济科 2008 (2): 10-16.

[20] 高波, 王辉龙. 长三角房地产价格波动与居民消费的实证分析明 [J]. 产业经济研究, 2011 (1): 1-10.

[21] 高波. 房价波动, 住房保障与消费扩张 [J]. 理论月刊, 2010 (7): 21-28.

[22] 顾海波. 租金房价比不太合理 [B]. 凤凰财经, 2009. http://finance: Ifeng. com/news/.

[23] 郭娜, 翟光宇. 中国利率政策与房地产价格的互动关系研究 [J]. 经

济评论，2011（3）：41-49.

[24] 郭庆旺，贾俊雪. 中国周期性赤字和结构性赤字的估算 [J]. 财贸经济，2004（6）：36-43.

[25] 郭晔. 货币政策与财政政策的分区域产业效应比较 [J]. 统计研究，2011（3）：36-44.

[26] 韩国高. 货币政策与城镇化政策对房地产市场的影响研究——来自我国 31 个省市的证据 [J]. 投资研究，2015（3）：39-50.

[27] 韩国高. 政策不确定性对企业投资的影响——理论与实证研究 [J]. 经济管理，2014（12）：62-71.

[28] 胡成春，陈迅. 经济政策不确定性、房地产市场与宏观经济波动——基于 GVAR 模型的区域差异研究 [J]. 经济问题探索，2019（8）：26-36.

[29] 胡国庆. 汇率预期对房价波动的影响——基于经济政策不确定性的研究 [J]. 价格月刊，2017（11）：7.

[30] 黄忠华，杜雪君，吴次芳. 房价与宏观经济研究综述 [J]. 中国土地科学，2009（1）：61-67

[31] 黄忠华，吴次芳，杜雪君. 中国房价，利率与宏观经济互动实证研究 [J]. 中国土地科学，2008（1）：81-89.

[32] 解陆一. 经济周期视角下的银行信贷与房地产价格关系的再研究 [J]. 投资研究，2012（11）：115-123.

[33] 金雪军，钟意，王义中. 政策不确定性的宏观经济后果 [J]. 经济理论与经济管理，2014（2）：17-26.

[34] 鞠方，欧阳立鹏. 我国房地产价格的影响因素及其合理性研究 [J]. 财经理论与实践，2008（7）.

[35] 孔煌. 房价波动，银行信贷与经济增长 [J]. 财经理论与实践，2009（5）：12-16.

[36] 况伟大，李涛. 土地出让方式、地价与房价 [J]. 金融研究，2012（8）：56-69.

[37] 况伟大. 房地产税、市场结构与房价 [J]. 经济理论与经济管理,
2012 (1)：10-19

[38] 李凤羽, 杨墨竹. 经济政策不确定性会抑制企业投资吗？——基于
中国经济政策不确定指数的实证研究 [J]. 金融研究, 2015 （4）：
115-129.

[39] 李宏瑾, 徐爽. 供给刚性, 市场结构与金融—关于房价的 Carey
(1990) 模型扩展 [J]. 财经问题研究, 2006 （8）：37-48.

[40] 李洋, 张红. 房地产市场对货币政策传导效应的区域差异研究——基
于 GVAR 模型的实证分析 [J]. 金融研究, 2013, 392 （2）：114-128.

[41] 李颖, 胡日东. 中国房地产价格与宏观经济波动—基于 PVAR 模型
的研究 [J]. 宏观经济研究, 2011 (2)：26-30.

[42] 李永友. 财政政策的凯恩斯效应与非凯恩斯效应 [J]. 财经研究,
2008 (2)：63-70.

[43] 梁云芳, 高铁梅. 中国房地产价格波动区域差异的实证分析团 [J].
经济研究, 2007 (8)：41-53.

[44] 林跃勤. 房价失控与政府调控 [J]. 宏观经济研究, 2010 (5)：14-20.

[45] 刘旦. 中国城镇住宅价格与消费关系的实证研究明 [J]. 上海财经大
学学报, 2008 (1)：51-59.

[46] 刘国风. 房地产价格上涨是否促进消费并具财富效应的统计检验阴
[J]. 现代财经, 2009 (8)：21-29.

[47] 刘金全, 毕振豫. 不确定性会影响货币政策对房价的调控效应
吗？——基 LT-TVP-VAR 模型的实证检验 [J]. 财经论丛, 2018
(10)：10.

[48] 刘守英. 以地谋发展模式的风险与改革 [J]. 国际经济评论, 2012
(2)：92-109

[49] 龙威, 刘金全. 货币政策对房地产价格影响机制的区域异质性特征
检验 [J]. 当代经济研究, 2019 (1)：102-112.

[50] 罗知, 徐现祥. 投资政策不确定性下的企业投资行为：所有制偏向

和机制识别 [J]. 经济科学, 2017 (03): 88-101.

[51] 彭俊华, 许桂华, 周爱民. 房价波动对实体经济的影响: 带动效应还是挤出效应? ——基于省级面板数据的实证研究 [J]. 投资研究, 2017, 36 (402): 39-51.

[52] 饶品贵, 岳衡, 姜国华. 经济政策不确定性与企业投资行为研究 [J]. 世界经济, 2017 (2): 27-51.

[53] 沈悦, 刘洪玉. 住宅价格与经济基本面: 1995-2002 年中国 14 城市的实证研究 [J]. 经济研究, 2004 (6): 78-86.

[54] 盛松成, 刘斌. 经济发展对房价长期走势的决定作用—基于中国及国际的比较分析 [J]. 财贸经济, 2007 (8): 91-100.

[55] 石路明, 罗海梅. 中国住宅市场价格决定的特征分析 [J]. 贵州财经学院学报, 2009 (4): 9-16.

[56] 谭正勋, 王聪. 中国信贷扩张, 房价波动的金融稳定效应研究—动态随机一般均衡模型视角田 [J]. 金融研究, 2011 (8): 57-71.

[57] 谭正勋. 我国住宅业泡沫及其影响居民消费的理论与实证研究田 [J]. 经济学家, 2010 (3): 21-27.

[58] 谭政勋. 利润率下降、信贷扩张与房价波动——来自跨国面板数据的经验证据 [J]. 经济学家, 2012 (5): 77-87.

[59] 田磊, 林建浩. 经济政策不确定性兼具产出效应和通胀效应吗? 来自中国的经验证据 [J]. 南开经济研究, 2016 (02): 3-24.

[60] 田磊, 林建浩. 政策不确定性是中国经济波动的主要原因吗? ——基于混合识别法的创新实证研究 [J]. 财贸经济, 2017 (1): 5-20.

[61] 田青, 高铁梅. 转轨时期我国城镇不同收入群体消费行为影响因素分析——兼谈居民消费过度敏感性和不确定性 [J]. 南开经济研究, 2009 (5): 124-134.

[62] 王红键, 李青原, 邢裴. 经济政策不确定性、现金持有水平及其市场价值 [J]. 金融研究, 2014 (9): 53-68.

[63] 王文甫, 张南, 岳超云. 中国财政政策冲击的识别与效应 [J]. 财经

研究，2015（6）：70-81.

[64] 王先柱，毛中根，刘洪玉. 货币政策的区域效应——来自房地产市场的证据 [J]. 金融研究，2011（9）：42-53.

[65] 王学发. 我国城市房价上涨的需求动因与调控对策研究明 [J]. 价格理论与实践，2007（4）：41-42.

[66] 王义中，宋敏. 宏观经济不确定性，资金需求与公司投资 [J]. 经济研究，2014，（2）：4-17.

[67] 王振华. 中国房地产行业发展现状及未来发展趋势 [J]. 中国市场，2012（45）：62-65.

[68] 吴道银. 我国房价持续过快上涨的垄断因素和对策分析 [J]. 闽江学院学报，2009. 30（1）：49-53.

[69] 吴佳. 预期，政策不确定性与上海房价波动 [J]. 上海经济，2019（4）：34-46.

[70] 吴憬，刘洪玉. 基于灰色—马尔可夫模型的房地产周期研究 [J]. 统计与决策，2009（6）：32-34.

[71] 吴军，薛小玉，刘钊. 论财政政策对资产价格波动的影响 [J]. 经济经纬，2014（4）：127-132.

[72] 徐蜚，任宏. 中国房地产市场的投机行为分析 [J]. 山西财经大学学报，2006（8）：87-92

[73] 徐忠. 当前积极的财政政策不是真积极 [J]. 中国经济信息，2018（15）：34-36.

[74] 徐忠. 房价过快上涨的宏观经济影响 [J]. 中国金融，2017（17）：49-51.

[75] 闫先东，朱迪星. 房地产价格上升能拉动经济增长吗——基于中国的实证研究 [J]. 金融监管研究，2016，5：1-29.

[76] 杨飞. 中国高房价成因的供求分析与对策 [J]. 经济与管理，2009（1）：74-76.

[77] 杨海生，陈少凌等. 政策不稳定性与经济增长——来自中国地方官

员变更的经验证据［J］. 管理世界，2014（09）：13-28.

［78］叶光. 基于混合数据的一致指数构建与经济波动分析［J］. 统计研究，2015（8）：17-26.

［79］原鹏飞，冯蕾. 经济增长、收入分配与贫富分化——基于 DCGE 模型的房地产价格上涨效应研究［J］. 经济研究，2014（9）：77-90.

［80］原鹏飞，魏巍贤. 房地产价格波动经济影响的一般均衡研究［J］. 管理科学学报，2012，3（15）：30-43.

［81］张海蔚. 中国房地产价格决定机制研究［J］. 上海金融，2009，（3）：89-92.

［82］张浩，李仲飞，邓柏峻. 政策不确定，宏观冲击与房价波动——基于 LSTVAR 模型的实证分析［J］. 金融研究，2015（10）：32-47.

［83］张红，李洋. 房地产市场对货币政策传导效应的区域差异研究——基于 GVAR 模型的实证分析［J］. 金融研究，2013（2）：114-128.

［84］张红，谢娜. 基于主成分分析与谱分析的房地产市场周期研究［J］. 清华大学学报（自版），2008，48（9）：24-27.

［85］张红. 房地产经济学［M］. 北京：清华大学出版社，2005.

［86］张涛，龚六堂，卜永祥. 资产回报，住房按揭贷款与房地产均衡价格［J］. 金融研究，2006（2）：1-11.

［87］张延群. 24 个大中城市人均住房面积及房价相对泡沫估算田［J］. 西部论坛，2015（1）：60-65.

［88］张耀辉等. 中国 35 个大中城市房地产价格泡沫研究：基于"上偏"随机前沿模型的测算［J］. 产业评论，2012（4）：96-105.

［89］张玉鹏，王茜. 政策不确定性的非线性宏观经济效应及其影响机制研究［J］. 财贸经济，2016（04）：116-133.

［90］赵奉军，骆祖春. 经济政策不确定性与房地产投资［J］. 现代经济探讨，2019（11）：13-20.

［91］赵奉军. 房价合理的三个标准［J］. 中国房地产，2019（12）：21-23.

［92］郑挺国，王霞. 中国经济周期的混频数据测度及实时分析［J］. 经济

研究, 2013 (6): 58-70.

[93] 中华人民共和国国家统计局. 中国统计年鉴2006-2010 [M]. 北京: 中国统计出版社, 2010.

[94] 朱恺容, 李培, 谢贞发. 房地产限购政策的有效性及外部性评估 [J]. 财贸经济, 2019 (2): 147-160.

[95] 朱永升, 王卫华, 韩伯棠. 影响房地产市场需求因素的灰色关联度分析团 [J]. 北京理工大学学报, 2002, 22 (6): 782-785.

[96] 奥利维尔·布兰查德. 未来的财政政策 [C]. 布兰查德, 等. 拯救全球经济: 方向, 策略与未来. 北京: 中信出版社, 2016.

[97] AFONSO A, SOUSA R. The macroeconomic effects of fiscal policy [J]. Applied Economics, 2012 (44): 4439-4454.

[98] Aisen A, Veiga F J. Howdoes political instability affect economic growth [J]. European Journal of Politi- cal Economy, 2013, (29): 151-167.

[99] Ajmi, A. H, Babalos, V, Economou, F. Gupta, R. Real estate market and uncertainty shocks: A novel variance causality approach [J]. Finance Econom, 2014, 2 (2), 56 – 85.

[100] Akerlof, G. 1970. The market for "lemons": quality, uncertainty and the market mechanism. Q. J. Econ. 84, 488-500.

[101] Ale, Bulí. The impact of macroeconomic policies on the distribution of income [J]. Annals of Public & Cooperative Economics, 2001, 72 (2): 253-270.

[102] Alvaredo F, Atkinson A, Chancel L, et al. Distributional National Accounts (DINA) Guidelines: Concepts and Methods used in WID. world. Working Papers, 2016.

[103] Amit Bhaduri, Stephen Marglin. Unemployment and the real wage: the economic basis for contesting political ideologies [J]. Cambridge Journal of Economics, 1990, 14 (4): 375-393.

[104] André, C, Bonga-Bonga, R, Mwamba, J. W. M. Economic policy un-

certainty, US real housing returns and their volatility: a nonparametric approach [J]. Real Estate Res, 2017, 39 (4), 493 – 513.

[105] Andrés Erosa, Gustavo Ventura. On inflation as a regressive consumption tax [J]. Journal of Monetary Economics, 2002, 49 (4): 761–795.

[106] Angeloni, I, Faia, E. 2009. Tale of two policies: Prudential regulation and monetary policy with fragile banks. Mimeo, October 29.

[107] Annette Alstadsæter, Niels Johannesen, Gabriel Zucman. Tax Evasion and Inequality. Social Science Electronic Publishing, 2017.

[108] Antonakakis, N, André, C, Gupta, R. Dynamic spillovers in the United States: stock market, housing, uncertainty and the macroeconomy [J]. Southern Econom, 2016, 83 (2), 609 – 624.

[109] Antonakakis, N, Gupta, R, André, C. Dynamic co–movements between economic policy uncertainty and housing market returns [J]. Real Estate Portfolio Manag, 2015, 21 (1), 53 – 60.

[110] AYE G C, BALCILAR M, GUPTA R, et al. Fiscal policy shocks and the dynamics of asset prices: the South African experience [J]. Public Finance Review, 2014, 42 (4): 511–531.

[111] Aye G C, Clance M W, Gupta R. THE EFFECT OF ECONOMIC UN-CERTAINTY ON THE HOUSING MARKETCYCLE [J]. Journal of Real Estate Portfolio Management, 2019, 25 (1): 67–75.

[112] Bai, J, Ng S. Determining the Number of Factors in Approximate Factor Models [J]. Econometrica, 2002 (70): 191–221.

[113] BAICE, LI Q, OUYANG M. Property taxes and home prices: a tale of two cities [J]. Journal of Econometrics, 2014, 180 (1): 1–15.

[114] Baker S R, Bloom N, Davis S J. Measuring economic policy uncertainty [J]. Chicago Booth research paper, 2013, (02): 13.

[115] Bauer and Neely. International channels of the fed's unconventional monetary policy [Z]. Federal Reserve Bank of St. Louis Working Paper

Series, 2012.

[116] Bauer M D, Neely C J. International channels of the Fed's unconventional monetary policy [J]. Journal of International Money and Finance, 2014, 44: 24-46.

[117] Belke A H, Gros D, Osowski T. Did quantitative easing affect interest rates outside the US? New evidence based on interest rate differentials [J]. New Evidence Based on Interest Rate Differentials. CEPS Working Document, 2016 (416).

[118] Bernanke B S, Gertler M, Watson M. Systematic monetary policy and the effects of oil price shocks [J]. Brookings Papers on Economic Activity, 1997 (1): 91-157.

[119] Bernanke B, J Boivin and P Eliasz. Measuring Monetary Policy: A Factor Augmented Vector Autore-gressive (FAVAR) Approach [J]. Quarterly Journal of Economics, 2005, 120: 387-422.

[120] Bernanke, B, S, Reinhart, V. R, & Sack, B, P. Monetary Policy Alternatives at the Zero Bound: An Empirical Assessment. Brookings Papers on Economic Activity, No. 2, 2004, pp. 1-78.

[121] Bertrand Garbinti, Jonathan Goupille-Lebret, Thomas Piketty. Income inequality in France, 1900 - 2014: Evidence from Distributional National Accounts (DINA) [J]. Social Science Electronic Publishing, 2018.

[122] Blanchard O, Dell' Ariccia G, Mauro P. Rethinking macroeconomic policy [J]. Journal of Money, Credit and Banking, 2010, 42 (s1): 199-215.

[123] Bloom N, Floetotto M, Jaimovich N, etal. Really uncertain business cycles [R] National Bureau of Economic Research, 2012.

[124] Born B, Pfeifer J. Policy risk and the business cycle [J]. Journal of Monetary Economics, 2014, 68: 68-85.

[125] Burns A F, Mitchell W C. Measuring business cycles [J]. NBER

Books, 1946.

[126] Calza, A, Monacelli, T, Stracca, L. 2007. Mortgage markets, collateral constraints, and monetary policy: Do institutional factors matter? CEPR Discussion Papers 31.

[127] Chiara Scotti. Surprise and Uncertainty Indexes: Real-time Aggregation of Real-Activity Macro Surprises [J]. Journal of Monetary Economics, 2016, 82: 1-19.

[128] Christensen, J. H. , Lopez, J. A. & Rudebusch, G. D. A Probability-Based Stress Test of Federal Reserve Assets and Income. Journal of Monetary Economics, Vol. 73, No. 6, 2015, pp. 26-43.

[129] Christiano, L. et al. 2005. Nominal rigidities and the dynamic effects of a shock to monetary policy. Journal of Political Economy 113 (1), 1-45.

[130] Christina D. Romer, David H. Romer. A New Measure of Monetary Shocks: Derivation and Implications [J]. American Economic Review, 2004, 94 (4): 1055-1084.

[131] Christina Romer, David Romer. Monetary policy and the well-being of the poor. CA, 1998.

[132] Christopher J. Niggle. Monetary Policy and Changes in Income Distribution [J]. Journal of Economic Issues, 1989, 23 (3): 809-822.

[133] Christos Pitelis. Monetary Policy and the Distribution of Income: Evidence for the United States and the United Kingdom [J]. Journal of Post Keynesian Economics, 2001, 23 (4): 617-638.

[134] Christou C, Gupta R, Nyakabawo W. Time-varying impact of uncertainty shocks on the US housing market [J]. Economics Letters, 2019, 180 (JUL.): 15-20.

[135] Christou, C. , Gupta, R, Hassapis, C. Does economic policy uncertainty forecast real housing returns in a panel of OECD countries? A Bayesian approach [J]. Rev. Econ. Finance, 2017, 65, 50 - 60.

[136] Cuche N A, Hess M K. Estimating monthly GDP in a general Kalman fil-
ter framework: evidence from Switzerland [J]. Economic& Financial
Modelling, 2000 (7): 153-194.

[137] D' Amico S, King T B. Flow and stock effects of large-scale treasury
purchases: Evidence on the importance of local supply [J]. Journal of
Financial Economics, 2013, 108 (2): 425-448.

[138] Daniel Andrei, Bernard Herskovic, Olivier Ledoit. The Redistributive
Effects of Monetary Policy. Social Science Electronic Publishing, 2011.

[139] Dedola, L, and Lippi, F. (2005) . The monetary transmission mech-
anism: evidence from the industries of five OECD countries. European E-
conomic Review, 49 (6): 1543-1569.

[140] Dempster A, Laird M, Rubin D. Maximum likelihood from incomplete
data via the EM algorithm [J]. Journal of the Royal Statistical Society,
Series B, 1977, 39 (1): 1-38.

[141] DENG Y, MORCK R, WU J, et al. Monetary and fiscal stimuli, own-
ership structure, and China' s housing market [R]. NBER Working
Paper, No. 16871, 2011.

[142] Diefenbacher H, Zieschank R, Rodenhäuser D. Measuring Welfare in
Germany. A Suggestion for a New Welfare Index [M]. Federal Environ-
ment Agency, 2010.

[143] Eckhard Hein, Christian Schoder. Interest rates, distribution and capital
accumulation-A post-Kaleckian perspective on the US and Germany [J].
International Review of Applied Economics, 2011, 25 (6): 693-723.

[144] Eckhard Hein. Interest Rates, Income Shares, and Investment in a Ka-
leckian Model. Mpra Paper, 1999.

[145] Edge, R, Kiley, M, T, Laforte, J, P. 2008. Natural rate measures
in an estimated DSGE model of the U. S. economy. J. Econ. Dyn. Control
32, 2512-2535.

［146］El Montasser, G, Ajmi, A, N, Chang, T, Simo‐Kengne, B, D, Andre, C, Gupta, R. Cross‐country evidence on the causal relationship between policy uncertainty and house prices ［J］. Hous. Res, 2016, 25 (2), 195‐211.

［147］Elisabetta Michetti, Domenica Tropeano. Exchange rate policy and income distribution in an open Edouard Schaal. Uncertainty, Productivity and Unemployment in the Great Recession. General Information, 2011.

［148］Engle RF, and Watson M W. Alternative Algorithms for Estimation of Dynamic MIMIC, Factor, and Time Varying Coefficient Regression Models ［J］. Journal of Econometrics, 1983 (23): 385‐400.

［149］Eric M. Leeper. Sweden's Fiscal Framework and Monetary Policy. National Bureau of Economic Research Working Paper Series, 2018.

［150］Faik Koray. Money and Functional Distribution of Income ［J］. Journal of Money Credit & Banking, 1989, 21 (21): 33‐48.

［151］Fernández Villaverde J, Guerrón Quintana P A, Kuester K, etal. Fiscal volatility shocks and economic activity ［R］. National Bureau of Economic Research, 2011.

［152］Fratzscher M, Lo Duca M, Straub R. ECB Unconventional Monetary Policy: Market Impact and International Spillovers ［J］. IMF Economic Review, 2016, 64 (1): 36‐74.

［153］Geert Bekaert, Marie Hoerova, Marco Lo Duca. Risk, uncertainty and monetary policy ［J］. Journal of Monetary Economics, 2013, 60 (7): 771‐788.

［154］Georgiadis, G. Examining asymmetries in the transmission of monetary policy in the euro area: Evidence from a mixed cross‐section global VAR model. European Economic Review, (2015), 32 (03): 352‐366.

［155］Gertler, M, Kiyotaki, N, 2010. Financial Intermediation and Credit Policy in Business Cycle Analysis. In: Friedman, B.M., Woodford,

M. (Eds.), Handbook of monetary economics. 3A, Elsevier/North - Holland, Amsterdam Chapter 11.

[156] Gianna Boero, Jeremy Smith, Kenneth F. Wallis. Uncertainty and Disagreement in Economic Prediction: The Bank of England Survey of External Forecasters [J]. Economic Journal, 2008, 118 (530): 1107 - 1127.

[157] Giovanni Caggiano, Efrem Castelnuovo, Nicolas Groshenny. Uncertainty shocks and unemployment dynamics in U. S. recessions [J]. Journal of Monetary Economics, 2014, 67: 78-92.

[158] Goodfriend, M, Overcoming the Zero Bound on Interest Rate Policy. Journal of Money, Credit and Banking, Vol. 32, No. 4, 2000, pp. 1007-1035.

[159] Guay R, et al. Estimation du PIB mensuel canadien: 1962-1985, L' Actualite economique [J]. Revued' analyse economique, 1990, 66 (1): 14-30.

[160] Gupta R, Marius J, Kabundi A. The Effect of Monetary Policy on Real House Price Growth in South Africa: A factor- augmented Vector Auto regression (FAVAR) Approach [J]. Economic Modeling, 2010, Vo. 27, pp 315-323.

[161] Hamilton J D, A new approach to the economic analysis of nonstationary time series and the business cycle [J]. Econometrica, 1989 (57): 357-384.

[162] Hansen C. Instrumental Variable Estimation of a Threshold Model [J]. Econometric Theory, 2004, 20 (5): 813-843.

[163] Hein, Ochsen, Carsten. On the Real Effects of the Monetary Sphere: Post-Keynesian Theory and Empirical Evidence on Interest Rates, IncomeShares, and Investment [J]. Review of Political Economy and Social Sciences, 1999, 5: 5-22.

[164] Hein, Eckhard, Ochsen, et al. Regimes of Interest Rates, Income Shares, Savings and Investment: A Kaleckian Model and Empirical Es-

timations for some Advanced OECD Economies [J]. Metroeconomica, 2003, 54 (4): 404‐433.

[165] Iacoviello, M, Minetti, R, 2008. The credit channel of monetary policy: Evidence from the housing market. J. Macroecon. 30 (1), 69-96.

[166] Iacoviello, M, Neri, S. Housing market spillovers: Evidence from an estimated DSGE, 2010.

[167] Imre Ersoy, Bilgehan Baykal, Pınar Deniz. IMPACT OF MONETARY AND FISCAL POLICIES ON INCOME INEQUALITY IN EUROPEAN MONETARY UNION [J]. Journal of European Stdudied, 2008, 16: 79-90.

[168] Jeremy Rudd, Karl Whelan. Should monetary policy target labor's share of income? Proceedings, 2002.

[169] Jiménez G, Ongena S, Peydró J L, et al. Credit supply and monetary policy: Identifying the bank balance-sheet channel with loan applications [J]. American Economic Review, 2012, 102 (5): 2301-2356.

[170] Jordi Gall, Mark Gertler. Inflation dynamics: A structural econometric analysis [J]. Social Science Electronic Publishing, 2000, 44 (2): 195-222.

[171] Joyce M, Miles D, Scott A et al. Quantitative easing and unconventional monetary policy – an introduction [J]. The Economic Journal, 2012, 122 (564): F271-F288.

[172] Joydeep Bhattacharya. MONETARY POLICY AND THE DISTRIBUTION OF INCOME. Staff General Research Papers, 2003.

[173] Jurado K, Ludvigson S C, Ng S. Measuring Uncertainty [J]. American Economic Review, 2015, 105 (3): 1177-1216.

[174] Kaufmann, S, Scharler, J, 2009. Financial systems and the cost channel transmission of monetary policy shocks. Economic Modeling 26 (1), 40‐46

［175］ Kremer M. Macroeconomic effects of financial stress and the role of monetary policy: a VAR analysis for the euro area ［J］. International Economics and Economic Policy, 2016, 13 (1): 105-138.

［176］ Kyle Jurado, Sydney C Ludvigson, Serena Ng. Measuring Uncertaintyn ［J］. American Economic Review, 2015, 105 (3): 1177-1216.

［177］ Llosa, L, Tuesta, V, 2009. Learning about monetary policy rules when the cost channel matters, Journal of Economic Dynamics and Control 33 (11), 1880 - 1896.

［178］ LLOYD B. THOMAS. The Financial Crisis and Federal Reserve Policy ［M］. Palgrave Macmillan, 2013.

［179］ Louis Philippe Rochon, Sergio Rossi. Inflation Targeting, Economic Performance, and Income Distribution: A Monetary Macroeconomics Analysis ［J］. Journal of Post Keynesian Economics, 2006, 28 (4): 615-638.

［180］ LUCAA, SOUSARM. Fiscal policy and asset prices ［J］. Bulle-tin of Economic Research, 2013 (65): 154-167.

［181］ Maria C, Stilianos F. Uncertainty in the housing market: evidence from US states. Studies in Nonlinear ［J］. Dynamics & Econometrics, 2018, 22.

［182］ Mariano B S, Murasawa Y. A New Coincident Index of Business Cycles Based on Monthly and Quarterly Series ［J］. Journal of Applied Econometrics, 2003 (18): 427-443.

［183］ Mariano B S, Murasawa Y. A coincident index, common factors, and monthly real GDP ［J］. Oxford bulletin of economics and statistics, 2010, 71 (1): 27-45.

［184］ Masayuki M. What Type of Policy Uncertainty Matters for Business? ［R］. 2013.

［185］ Masuda K. Fixed investment, liquidity constraint, and monetary policy:

Evidence from Japanese manufacturing firm panel data [J]. Japan and the World Economy, 2015, 33: 11-19.

[186] Matthias Doepke, Martin Schneider. Inflation and the Redistribution of Nominal Wealth [J]. Journal of Political Economy, 2006, 114 (6): 1069-1097.

[187] Mauskopf, E, 1990. The transmission channels of monetary policy: How have they changed? Federal Reserve Bulletin 76 (12), 985.

[188] Miles, W. Irreversibility, uncertainty and housing investment [J]. Real Estate Finance Econom, 2009, (38): 173 - 182.

[189] Mitchell J, Solomou S, Weale S. Monthly GDP estimation for inter-war Britain [J]. Explorations in Economic History, 2012 (11): 543-556.

[190] Ni C, Chu X, Song H. Human Capital, Innovation Capacity and Quality of Economic Growth--Based on Chinese Provincial Panel Data from 2000 to 2013 [J]. Global Journal of Management And Business Research, 2014, 14 (8): 45-51.

[191] Nicholas Bloom, Max Floetotto, Nir Jaimovich, et al. Really Uncertain Business Cycles. NBER Working Papers, 2013.

[192] Nicholas Bloom. Fluctuations in Uncertainty [J]. Journal of Economic Perspectives, 2014, 28 (2): 153-175.

[193] Nicholas Bloom. The Impact of Uncertainty Shocks [J]. Econometrica, 2009, 77 (3): 623 - 685.

[194] Nicholas Kaldor. Equilibrium Theory and Growth Theory [J]. Economics & Human Welfare, 1979: 273-291.

[195] Oliner, S., and G. Rudebusch. 1995. "Is There a Bank Lending Channel for Monetary Policy." FRBSFEconomic Review 2 (1): 1-22.

[196] Olivier Coibion, Yuriy Gorodnichenko, Lorenz Kueng, et al. Innocent Bystanders? Monetary Policy and Inequality in the U. S [J]. Journal of Monetary Economics, 2016, 88 (199).

［197］Owyang, M. T. , and H. J. Wall. 2004. "Structural Breaks and Regional Disparities in the Transmission of Monetary Policy." Federal Reserve Bank of ST. Louis, Working Paper 008.

［198］Paolo Giordani, Paul Söderlind. Inflation forecast uncertainty ［J］. Social Science Electronic Publishing, 2001, 47 (6): 1037-1059.

［199］Pástor L´, Veronesi P. Political uncertainty and risk premia ［J］. Journal of Financial Economics, 2013, 110 (3): 520-545.

［200］Pastor L, Veronesi P. Uncertainty about government policy and stock prices ［J］. The Journal of Finance, 2012, 67 (4): 1219-1264.

［201］Peek, J, Rosengren, E, 1995a. The capital crunch: Neither a borrower nor a lender be source. J. Money Credit Bank. 27 (3), 625 – 638 (Aug.).

［202］Peek, J, Rosengren, E, S, 1995b. Is bank lending important for the transmission of monetary policy? An overview. New England Economic Review 3-11 (Nov.).

［203］Peek, J, Rosengren, E, S, 1997. The international transmission of financial shocks: The case of Japan. Am. Econ. Rev. 87 (4), 495-505 (Sept.).

［204］Porter, N. J, and Xu, T. (2009) . What drives China´s interbank market? International Monetary Fund.

［205］Porter, N, and Xu, T. (2013) . Money market rates and retail interest regulation in China: the disconnect between interbank and retail credit conditions (No. 2013-20) . Bank of Canada Working Paper.

［206］Qi J. Fiscal Expenditure Incentives, Spatial Correlation and Quality of Economic Growth: Evidence from a Chinese Province ［J］. International Journal of Business and Management, 2016, 11 (7), 191-201.

［207］Rabanal, P, 2007. Does inflation increase after a monetary policy tightening? Answers based on an estimated DSGE model. Journal of Economic

Dynamics and Control 31, 906 – 937.

[208] Raddatz, C, and R. Rigobon. 2003. "Monetary Policy and Sectoral Shocks: Did the Federal Reserve React Properly to the High-tech Crisis?" The World Bank Policy Research Working Paper Series 9835.

[209] Ramey, V, A, 1993. How important is the credit channel in the transmission of monetary policy? National Bureau of Economic Research, Inc. , NBER Working Papers 4285.

[210] Ravenna, F, Walsh, C, E, 2006. Optimal monetary policy with the cost channel . Journal

[211] Ravi Kanbur, Yue Wang, Xiaobo Zhang. The Great Chinese Inequality Turnaround. Social Science Electronic Publishing, 2017.

[212] Reifschneider, D, Stockton, D J, Wilcox, D, W. 1997. Econometric models and the monetary policy process. Carnegie-Rochester Conference Series on Public Policy 47 (Dec.), 1-37.

[213] Reifschneider, D, Tetlow, R. , Williams, J. 1999. Aggregate disturbances, monetary policy, and the macroeconomy: The FRB/US perspective. Federal Reserve Bulletin 1-19 (Jan.) .

[214] Rodrik D. Policy uncertainty and private investment in developing countries [J]. Journal of Development Economics 1991 36 (2): 229-242.

[215] Ruediger Bachmann, Steffen Elstner, Eric R Sims. Uncertainty and Economic Activity: Evidence from Business Survey Data [J]. American Economic Journal-macroeconomics, 2013, 5 (2): 217-249.

[216] S. Borag an Aruoba, Francis X. Diebold, Chiara Scotti. Real – Time Measurement of Business Conditions [J]. Journal of Business & Economic Statistics, 2009, 27 (4): 417-427.

[217] Sargent T J. Two Models of Measurements and the Investment Accelerator [J]. Journal of Political Economy, 1989 (97): 251-287.

[218] Schumacher C, Breitung J. Real-time forecasting of German GDP based

on a large factor model with monthly and quarterly data [J]. International Journal of Forecasting, 2008, 24 (3): 386-398.

[219] Scotti. O. 1995. "The Regional Impact of Monetary Policy." The Quarterly Journal of Economics 69 (2): 269-284.

[220] Seth B. Carpenter, William M. Rodgers. The Disparate Labor Market Impacts of Monetary Policy [J]. Journal of Policy Analysis & Management, 2004, 23 (4): 813-830.

[221] Stefania Albanesi. Inflation and inequality [J]. Journal of Monetary Economics, 2007, 54 (4): 1088-1114.

[222] Stock J H, Watson M W. New Indexes of Coincident and Leading Economic Indicators [C]. NBER Macroeconomics Annual, 1989: 351-393.

[223] Strobel, J., Thanh, B, N, Lee, G. Effects of macroeconomic uncertainty and labor demand shocks on the housing market [J]. Real Estate Econom, 2017.

[224] Sum, V, Brown, K. Real estate sector response to economic policy uncertainty shocks [J]. Appl. Finance, 2012, 3 (12), 1739 - 1747.

[225] Swanson E T. Measuring the effects of unconventional monetary policy on asset prices [R]. National Bureau of Economic Research, 2015.

[226] Swanson, E T, & Williams, J, C. Measuring the Effect of the Zero Lower Bound on Medium and Longer Term Interest Rates. American Economic Review, Vol. 104, No. 10, 2014, pp: 3154-3185.

[227] Taylor, J, B. 1995. The monetary transmission mechanism: An empirical framework. J. Econ. Perspec. 9 (4), 11-26.

[228] Thomas Blanchet, Juliette Fournier, Thomas Piketty. Generalized Pareto Curves: Theory and Applications. Cepr Discussion Papers, 2017.

[229] Thomas Piketty, Li Yang, Gabriel Zucman. Capital Accumulation, Private Property andRising Inequality in China, 1978 - 2015. Cepr Discussion Papers, 2017.

［230］Tillmann, P, 2008. Do interest rates drive inflation dynamics? An analysis of the cost channel of monetary transmission. Journal o f Economic Dynamics and Control 32 (6), 2723 - 2744.

［231］Valencia F. Aggregate uncertainty and the supply of credit ［J］. Journal of Banking & Finance, 2017, 81: 150-165.

［232］Van Nieuwerburgh S, Veldkamp L. Learning asymmetries in real business cycles ［J］. Journal of monetary Economics, 2006, 53, (4): 753-772.

［233］Vargas-Silva, C. The Effect of Monetary Pol- icy on Housing: A Factor Augmented Vector Autore - gression (FAVAR) Approach ［J］. Applied Economics Letters, 2008 (15): 749-752.

［234］Vespignani, J. L. (2015) . On the differential impact of monetary policy across states/territories and its determinants in Australia: Evidence and new methodology from a small open economy. Journal of International Financial Markets, Institutions and Money, 34, 1-13.

［235］Waldyr Dutra Areosa, Marta B. M. Areosa. The inequality channel of monetary transmission ［J］. Journal of Macroeconomics, 2016, 48: 214-230.

［236］Wei Chi. Capital income and income inequality: Evidence from urban China ［J］. Journal of Comparative Economics, 2012, 40 (2): 228-239.

［237］Wessel, D. , 2009. In Fed we trust: Ben Bernanke's war on the great panic. Crown Business, New York.

［238］William Easterly, Stanley Fischer. Inflation and the Poor ［J］. Journal of Money Credit & Banking, 2001, 33 (2): 160-178.